MARIO MÉNDEZ
30 AÑOS DE RARO PERIODISMO

I0428765

Mi gratitud a

Eloy Tejera, por
el ingenio hecho
cuidado en esta
edición.

Ubaldo Guzmán,
por sus sabias
sugerencias.

Wilson Morfe, por
la dimensión que
ha dado su arte a
esta obra.

Humberto Martínez,
por la destreza con
que ha moldeado
este producto.

Título: "30 años de raro periodismo"
Autor: Mario Méndez

Cuidado de la edición: Eloy Tejera
Arte de portada: Wilson Morfe
Diseño: Humberto Martínez

Primera Edición
Septiembre 2014

Un hecho que me supo a hiel

Han pasado treinta años, y parece que sucedió ayer. Acomodado y resguardado en la ligereza de ese tiempo, tan remoto y tan próximo, me agarro de él para hacer una breve parada en el camino y volver sobre mis huellas, marcadas con la tinta de las décadas, que nadie puede alterar, que nadie puede borrar.

Todo empezó una mañana de octubre de 1984 cuando me presenté puntualmente a su oficina en cumplimiento de una cita. El sol había dado tanto brillo al día que me apagó la vista. Mientras esperaba a su llamado retornó la luz a mis ojos y pude contemplar a un hombre que en el trabajo se multiplicaba por muchos. Eran tantos los teléfonos que sobre su escritorio esperaban abiertos por una respuesta suya y tan numerosas las llamadas que seguían recibiendo sus asistentes con un "espere un momento, por favor, que él le va a atender", que llegué a pensar que pasaría una eternidad antes de que se me invitara a pasar a su despacho. Pero, con una rapidez y una precisión tan sorprendentes como impresionantes, los atendió a todos e impartió instrucciones a varios ejecutivos de sus empresas, para luego ordenar: "No me pasen más llamadas; tengo una visita que voy a atender".

Pidió que me hicieran pasar y acudí a su presencia. Vestía camisa azul, mangas cortas, con pantalones color crema y zapatos negros, que estaban en armonía con su sencillez. En su rostro leí que había estado con el peluquero en la víspera.

Me habló de las recomendaciones que había recibido sobre mi persona y me preguntó a qué me dedicaba en ese momento.

Le expliqué que estudiaba economía, y entonces, sin imponerme la hipócrita prueba de capacidad a la que me había sometido días antes un ejecutivo de otro medio de comunicación, de quien recibí un trato desdeñoso, me propuso que entrara al periódico Hoy como redactor en el área de Economía. A seguidas me comunicó el sueldo de que disponía para comenzar.

Más importante que el salario era para mí en ese momento la oportunidad de trabajo que me ofrecía, y acepté.

Me preguntó que si sabía dónde quedaba el diario y le respondí que sí. Entonces me pidió que a las

10:00 de la mañana del día siguiente visitara a su director -en ese entonces lo era Virgilio Alcántara- para que coordinara mi integración.

Al despedirme, tuvo la cortesía de pararse y de expresarme su deseo de que nos mantuviéramos en comunicación. Me dijo que podía llamarle por teléfono o visitarlo cuantas veces quisiera.

Lo cierto es que presentía que había entrado a su oficina con la incertidumbre dibujada en mi rostro y salí de ella con una sonrisa que expresaba un sentimiento de profundo sosiego y alegría.

El trato que recibí en este primer encuentro, siendo él un empresario para quien su visitante no representaba un granito de arena en el desierto y yo un desconocido que buscaba un empleo para salir de una emergencia económica, sembró en mi la convicción de que estaba ante un ser de excepción, pues creo ser de los que descubren el valor de una persona en todos sus detalles que para otros pueden resultar nimios.

A pesar de esta grata impresión, no albergué en ese momento la certidumbre de que iniciaba el período de mayor satisfacción de mi vida, en el que combinaría la vocación de servicio que hervía en mi alma con la tarea de construir una familia y de formar a mis hijos. El cambio ocurrió precisamente en circunstancias en que mi primer gran sueño, al que había ofrendado la primera flor de mi juventud, terminaba en una pesadilla que, en vez de empujarme a sucumbir, me sirvió para crecer.

Aunque mi encuentro con don Pepín Corripio encendió la luz que me permitió salir de la oscura encrucijada para reencontrar la esperanza perdida, todavía mi alma estaba tan lastimada que guardaba un escepticismo sobre mi futuro. No me percaté de que ese día había logrado una crucial conquista.

Al día siguiente, exactamente a la hora convenida, entré al despacho de Virgilio Alcántara, quien tras darme el trato que aconseja la urbanidad entre dos personas que se conocen por primera vez, me envió a donde el subdirector, Manuel Severino, un periodista a quien le sobraban nobleza y seriedad, pero de proceder esquemático y de trato rígido. Era un hombre en el que la sequedad era la norma. Le faltaba la flexibilidad para, sin violar los límites que marca la dignidad en el ejercicio profesional, convivir con el medio en que se desenvolvía sin que éste le hiciera daño. Tan así fue que, a pesar de sus innegables condiciones, terminó en el exilio económico, y cuando años después era devorado por un cáncer como secuela de su afición enfermiza a tragar humo, la distancia le impidió recibir el calor de su patria antes de que su cuerpo se convirtiera en una masa gélida de hielo neoyorquino.

Fueron precisamente él y Miguel Franjul, jefe de redacción, quienes me asignaron las primeras fuentes noticiosas. Para cumplir mi trabajo me impuse la tarea de aprender a comunicar comunicando, a través del trabajo y la observación, dado que en el ejercicio del periodismo no había sido un producto de la cátedra. Con el tiempo asumí esta carencia como una ventaja, en la medida en que descubría que de esta manera quedaba libre de estereotipos y rigideces, propios de una educación apoyada en esquemas y convencionalismos, que a unos pocos les sirve de soporte para elevarse, pero que para otros se convierte en traba, quedando impedidos de alzar vuelo. Además, resultaba gratificante saber que había conquistado el oficio por mi propio esfuerzo.

Los obstáculos se reducían en ese entonces al celo que tenían algunos integrantes del incipiente Colegio Dominicano de Periodistas de que gente que no saliera de la cátedra ejerciese la comunicación, sin importar su calificación o talento. Percibí que algunos de los miembros del gremio veían en mí a alguien que pretendía invadir su territorio. Esa situación cambió en la medida en que poco a poco el trabajo me iba avalando, hasta terminar siendo aceptado como miembro del colegio. Labré una estrecha amistad con la mayoría de sus directivos, que por fortuna aún conservo, pues con el tiempo iba creciendo en mí el respeto por la profesión y por quienes la ejercen con honestidad, contrario a algunos titulados, que en la medida en que iban construyendo su éxito sacrificando la objetividad a cambio de plata, iban sintiendo desprecio por sus colegas, sin darse cuenta que eran ellos quienes se hacían despreciables a sí mismos. Llegué incluso a escuchar a algunos responder de manera peyorativa a quien les recordaba su condición de periodista, con la frase "más periodista es usted". Vivían de la profesión, pero renegaban de ella.

No obstante, tengo que reconocer que debo en parte mi permanencia en la carrera a esa loba sorprendente que es la suerte, pues al margen de que soy el primero en admitir las limitaciones propias de mi condición humana, no me ha resultado fácil explicarme que durante treinta años haya ejercido el periodismo en un área en que los intereses en conflicto siempre están al asecho para sorprender al redactor en su buena fe o para inducirlo a morder el anzuelo que porta la carnada que pica la codicia, sin cambiar de caballo y sin que hasta ahora nadie me haya hecho un desmentido ni cargue en mi hoja de servicio con el estigma de haber incurrido en extorsión alguna.

Obviamente, esto no hubiera sido posible si en mi conducta hubiese pesado más el interés egoísta que el bienestar colectivo. Comparto el criterio de que el periodista debe ser los ojos y el corazón de la sociedad y para cumplir su rol debe estar libre de compromisos, preferencias o prejuicios que le impidan descubrir la información y servirla.

Cuando empecé en el país eran difíciles las circunstancias, lo que, ¡vaya paradoja!, favoreció mi trabajo. Todavía la población dominicana no había salido de la conmoción provocada por decenas de muertos durante las protestas de abril de 1984 contra los aumentos de precios, las cuales adquirieron una fuerza tan insospechada que no hubo dique que las contuviera. Había visto a dominicanos indefensos caer como palomas a las que les habían cortado el vuelo, tras ser impactados por balas disparadas no se sabe por quienes ni contra quienes.

Estábamos metiéndonos profundo en el año 1984 cuando la economía dominicana estaba siendo sacudida por una crisis cambiaria y una espiral inflacionaria que diariamente amargaba el café a los dominicanos. Todos estaban ansiosos de saber por qué la situación económica se le iba poniendo tan difícil de sobrellevar.

En mi primer mes de ejercicio, pocas salidas del sol hubo sin que en la portada del diario apareciera alguna de mis historias, además de las que le servían de prendas interiores a su cuerpo.

Era un récord para un principiante, que no podían exhibir algunos periodistas titulados con una dilatada carrera.

Como he ejercido más por servir que por mi propio éxito, fui el primer sorprendido por la facilidad con que se me abrían las puertas, incluso en áreas del poder político y económico que se desenvolvían en total hermetismo. Varias veces me impresionó que expertos me expresaran su grata sorpresa por la noticia que había sacado de su rollo. Algunas veces llegué a pensar que ni ellos mismos entendían su discurso. Pero en esos casos aplicaba el criterio de que el comunicador debe entrenarse para descubrir las cosas que tienen valor para ser comunicadas y saber comunicarlas, y entender que lo que para el observador común resulta insignificante u oscuro, para él debe ser trascendente y luminoso, tratando de que el texto fuese lo más claro posible. Además de que sus oídos deben ser capaces de poner atención a las cosas más inauditas y sus ojos deben siempre ver hasta lo más inverosímil.

Sin embargo, la sobrevaloración que muchos daban a mi trabajo me causó cierto temor y preocupación al sentir que había hecho demasiado poco y el tiempo dedicado al ejercicio todavía era muy corto para merecer tal aprecio, pues siempre he creído que son las dificultades las que aseguran el éxito en una carrera. Ellas nos enseñan a evitar errores.

Uno de los funcionarios en cuyo ejercicio me estrené fue José Santos Taveras. El presidente Salvador Jorge Blanco lo había designado para sustituir a Bernardo Vega el 15 de mayo de 1984, días después de que el líder del Partido Revolucionario Dominicano, José Francisco Peña Gómez, denunciara que el Banco Central había autorizado cartas de crédito luego del 17 de abril, fecha en que la Junta Monetaria había tomado una resolución que prohibía a la entidad bancaria entregar más divisas a la paridad para la importación de mercancías que no fueran petróleo y sus derivados.

Coincidiendo con la destitución de Vega, la prensa había revelado que éste se había reunido con banqueros nacionales e internacionales y les había hecho la confidencia de que la decisión de la Junta Monetaria sobre el traspaso de las cartas de crédito al mercado paralelo había sido una derrota para él, que se había opuesto a la medida porque era una imposición del FMI. En enero de 1984 el propio Vega había declarado que se oponía a la pretensión del FMI de que importaciones entre 140 y 160 millones de dólares fueran transferidas al mercado paralelo, que dispararían la inflación a niveles sin precedentes. En cambio, favorecía que sólo se pasaran 60 millones de dólares.

A Santos Taveras le cabe el récord de haber dirigido una de las gestiones más efímeras en el Banco

Central. Con el desconcierto dibujado en su rostro y con palabras con un tono sombrío, admitió que la inflación en ese 1984 alcanzaría entre el 22 y el 25 por ciento, a pesar de que había asegurado anteriormente que con las medidas implementadas por el Banco Central buscaban bajar la tasa de cambio a dos pesos por dólar, tras haberse colocado por encima de los tres pesos. Días después, el primero de noviembre, era removido del cargo.

Obviamente, no había sido su responsabilidad la situación creada, sino principalmente por los desequilibrios de la economía y el camino escogido por el gobernador que le había antecedido, Bernardo Vega, quien en momentos en que el déficit externo de la economía se agravaba, decidió mantener una paridad oficial para subsidiar importaciones de una élite privilegiada, mientras dejaba flotar la tasa del mercado paralelo, que regía para la mayor parte de las importaciones. Esto, sumado al mantenimiento de un modelo proteccionista, colocó los precios a niveles prohibitivos. La falta de Santos Taveras estuvo en haberse mostrado incapaz de enfrentar la situación heredada, que le abrumó.

Era Vega la persona que tenía dominio sobre la información de la realidad económica en ese momento dentro de ese equipo y, por tanto, quien debió asumir el papel de convencer al presidente Salvador

Jorge Blanco de que, después de las reformas políticas aplicadas con éxito por la administración del presidente Antonio Guzmán Fernández, la tarea del nuevo gobierno debía ser la de emprender las reformas económicas, que incluían la reforma del régimen cambiario y las estructurales. Pero, en vez de jugar ese papel guardó silencio ante la aprobación de la ley 145 del 29 de junio de 1983, que reforzó el esquema proteccionista en favor de industriales con los cuales ha mantenido estrechos vínculos, además de guardarse las informaciones de que disponía, reveladoras de la gravedad del problema del sector externo de la economía y atrincherarse en el tipo de cambio múltiple, como confirmara el entonces asesor económico del Poder Ejecutivo, Milton Messina, en su libro "Memorias sobre el ajuste de una economía en crisis". Messina es uno de los pocos que ha abordado este período, pues otros han preferido escribir la historia a su conveniencia y han mostrado una absoluta amnesia por los hechos que salpican su trayectoria.

Como Vega escogió el camino equivocado, no hubo forma de evitar el desmoronamiento de la economía. Inicialmente el gobierno había firmado con el FMI un Acuerdo de Facilidad Ampliada, que fracasó. Ante la incredulidad de ese organismo internacional sobre sus planes, intentó luego negociar un inventó, el Acuerdo Sombra, que no se materializó por la oposición del Tesoro de Estados Unidos. Luego firmó otro invento: el Acuerdo Puente, que fue una especie de compromiso de colaboración que no obligaba al FMI a aportar plata.

Precisamente, me correspondió dar la noticia el 24 de octubre de ese año, obtenida de una fuente extraoficial, sobre la llegada de la misión del FMI que negociaría ese acuerdo, encabezada por Julio González y recibida en el Aeropuerto Internacional de Las Américas por la entonces economista principal del Banco Central, Maritza Amalia Guerrero, quien se distinguía por acercarse a la mudez. Lo más que me ofrecía cuando me encontraba con ella en el pasillo o un evento era una sonrisa que se perdía bajo sus anchurosos y gruesos espejuelos, estampa de su entrega a su labor en el Banco Central.

El gobierno había perdido totalmente la credibilidad ante la comunidad internacional, especialmente ante Estados Unidos. Milton Messina escribe en su libro que esto quedó evidenciado en un encuentro celebrado con motivo de la asamblea conjunta del FMI y el Banco Mundial en Washington, en septiembre de 1984, en el que el subsecretario del Tesoro David Mulford habría dicho a Hugo Guiliani Cury, quien se desempeñaba como secretario de Finanzas: "Ustedes, los dominicanos, al través de los años han demostrado que conocen bien todos los rincones de Washington y dan la impresión de que consideran nuestras sugerencias. Sin embargo, a la hora de la verdad hacen lo que quieren y se salen con las suyas. Ustedes han logrado ahora un acuerdo con el Fondo que a nuestro entender constituye un mal precedente (se refería al llamado Acuerdo Puente), pues esto podría dar lugar a que otros países quieran hacer lo mismo y que sea Estados Unidos quien acabe otorgando los recursos".

La situación cambió con la llegada de Hugo Guiliani Cury a la gobernación del Banco Central el 1 de noviembre, a un mes de mi inicio en la carrera. Veinte días después una fuente confiable me dio la primicia sobre la medida más trascendente en el aspecto cambiario (después de la creación del peso) que el gobierno se proponía ejecutar en el marco de las negociaciones con el FMI. La noticia fue la principal del diario, y en ella se adelantaba la unificación del precio de la moneda. "Ha llegado el momento en que se establezca un tipo de cambio homogéneo para las importaciones porque la falsa paridad lo que ha hecho es crear más distorsiones en la economía dominicana, que obstaculizan el desarrollo", revelaba la fuente. En efecto, la medida fue anunciada oficialmente días después, en enero de 1985, por el presidente Salvador Jorge Blanco. El que fuera adoptada de manera tardía tuvo un alto costo económico y social para el país. El propio Hugo Guiliani Cury recordó que en la administración de Diógenes Fernández, en la última etapa del gobierno de los Doce Años de Balaguer, Julio Estrella había planteado la legalización del mercado paralelo. Interpretó que la posición de Estrella, que lo llevó a chocar con Diógenes Fernández, era porque él pensaba que "en un momento dado, como ha sucedido, ambos mercados se iban a unificar y que habría una devaluación de hecho".

Eso no sucedió en el momento justo porque los gobernadores Carlos Despradel y Bernando Vega no entendieron la necesidad de convencer a los presidentes Guzmán y Jorge Blanco de la pertinencia de esa medida o prefirieron que el Banco Central continuara entregando dólares baratos a sectores privilegiados.

La unificación cambiaria, dispuesta en la gestión de Hugo Guiliani Cury, junto a los ajustes fiscales, hizo más racional el funcionamiento de la economía y bajó el tipo de cambio y el ritmo de crecimiento de los precios, contrario al temor de Vega de que provocaría una espiral inflacionaria. También posibilitó la firma de un Acuerdo Stand By con el FMI que abrió la válvula para que el país recibiera oxígeno de la comunidad financiera internacional, que estaba congelado. Pero vino acompañada de una mancha, pues se apoyó en una penalidad cambiaria a las exportaciones, medida absurda en un país cuyo problema principal era precisamente la ausencia de una cultura exportadora. Era como cortar la cabeza a quien se le debía poner sombrero.

La otra salida era que desde el principio el gobierno emprendiera una reforma de todo el sistema tributario para cambiar el curso de la economía, lo que, además, hubiera atraído inversión extranjera, pero esto no lo haría un gobierno de Salvador Jorge Blanco por su falta de firmeza frente a una élite industrial cuya miopía le llevaba a pedir una reducción de la mísera carga tributaria vigente en el país. Esa élite se había acostumbrado a hacer negocios bajo la sombrilla del proteccionismo.

Por no haber actuado de manera oportuna en esa dirección, el gobierno de Salvador Jorge Blanco se distinguió por sus escasas realizaciones, pues se movió entre el desbarajuste económico en la primera mitad de su período y el ajuste a que sometió a la economía al final, lo que no dejó espacio a una acción constructiva y transformadora.

La actitud contra el aumento de los impuestos pareció arrastrar hasta al economista Andy Dauhajre, que posteriormente se convirtió en el mayor abanderado del incremento de la presión tributaria, pues según declaraciones ofrecidas el 28 de enero de 1985, parecía tener otra inclinación: favorecía recomponer el gasto público, no aumentar la carga impositiva. "Las autoridades llegaron a la mesa de negociación (con el FMI) con una sola carta, la de la reducción del déficit por la vía impositiva, no por la reducción del gasto corriente".

Sostenía esa posición a pesar de que el gobierno sólo intentó dar un pellizco al sistema tributario, para lo cual Manuel Cocco, entonces secretario de Finanzas, tuvo que emplearse a fondo. Todavía éste no se había pasado, en su calidad de experto tributario, a la acera de enfrente.

El 28 de noviembre de 1984 el gobierno presentó la propuesta de reducir exenciones y exoneraciones que se otorgaban por diversas leyes, así como una modificación de la Ley 174 del 15 de enero de 1983 sobre el ITBI para incluir servicios, entre ellos hoteles.

Tanto la posición adoptada por Andy Dauhajre en esa ocasión como la asumida por Cocco en su rol al servicio de intereses privados, revelan lo cambiante que son las opiniones de nuestros técnicos.

En cuanto al arancel, desde entonces surgieron voces que planteaban la necesidad de reformarlo, pues el vigente correspondía a un modelo agotado, con un alto costo para la economía y la población. Fue el caso del entonces vicegobernador del Banco

Central, Opinio Álvarez Batancourt, tan reservado y hermético que cuando a uno de sus conocidos alguien le preguntaba algo de lo que no quería hablar, respondía: "que opine Opinio". Sin embargo, en una conferencia ofrecida a Jóvenes Sobresalientes a principios de diciembre de 1984, Álvarez Betancourt abogó por una reforma del sistema tributario, al considerar que se apoyaba en altos privilegios que tenían un elevado costo social.

También el fenecido Andrés Dauhajre, en su condición de presidente de la Asociación Nacional de Importadores, planteó, en una entrevista que me concedió en esos días, la urgencia de la reforma tributaria, sobre todo de la arancelaria.

No obstante, hay que reconocer el valor de Hugo Guiliani Cury para empujar el programa de ajuste fiscal y de la reforma cambiaria, a pesar de que no era un sello gomígrafo que avalaba todo lo que emanaba del FMI, pues llegó a hacer varias críticas a ese organismo internacional por su excesivo énfasis en el tema de balanza de pagos. Pero él se convenció de la conveniencia para la economía dominicana de implementar la unificación cambiaria y demás medidas del programa negociado entre el gobierno y el FMI. De hecho, se vio en el deber de usar su voto afirmativo en la Junta Monetaria (era la segunda vez que ocurría en la historia del Banco Central), para que pasara la unificación cambiaria, y tuvo que resistir estoicamente las presiones de otras áreas del gobierno que pretendieron romper la disciplina fiscal. Incluso hubo funcionarios que llegaron a presionar para que los recursos generados por el recargo cambiario a las exportaciones fueran destinados a aumentar el gasto del gobierno, no para apoyar la balanza de pagos. Pensaban más en el provecho personal que en el del país.

Durante la gestión de Hugo Guiliani Cury las diferencias en el equipo económico del gobierno eran de enfoque. El 20 de junio de 1985 publiqué la información de que el secretario técnico de la Presidencia, Orlando Haza del Castillo, y el director de la Oficina Nacional de Planificación, ascendido a subsecretario técnico, Luis Manuel Piantini, objetaban el alto nivel de restricción económica que conllevó la ejecución del acuerdo con el FMI, mientras que Hugo Guiliani Cury lo apoyaba, pero dando el ejemplo, no como han hecho otros gobernadores que mientras pedían ajuste fiscal cuando la crisis amenazaba con dañar su gestión, llevaban, junto a los suyos, una vida tan paradisíaca como dispendiosa en el Banco Central.

Precisamente, el 10 de julio de 1986 publiqué una información en un momento en que se aplicaba una austeridad en el marco del programa con el Fondo, en la que planteaba que "a pesar de que varias instituciones estatales dispusieron aumentos salariales para sus trabajadores sin esperar una decisión del Congreso Nacional o del Poder Ejecutivo, en el Banco Central no tomaron esa medida", y agregaba que los gastos de la ejecución presupuestaria de esa institución durante los primeros meses del1985 para aumentos de sueldos fijos, de personal contratado, de primas de transporte y atenciones y representaciones, habían bajado de un estimado de 6.3 millones de pesos a un desembolso real de 5.8 millones de pesos. Aún más, revelaba que Hugo Guiliani Cury me había expresado en un encuentro en el Banco Central que el principal problema de la economía era que había mantenido un consumo por encima de su capacidad de producción, y para expresar de manera gráfica su posición me hizo esta pregunta: "¿Tú crees que, en un país con los desequilibrios que tiene la República Dominicana, yo me merezco esta oficina en este edificio?" (Se refería a su espacioso y lujoso despacho en la imponente torre de once pisos del Banco Central, revestida de mármol). Desde ese despacho se puede palpar a un país muy diferente al real.

Puedo dar fe de que Hugo Guiliani Cury tenía conciencia de que las reformas estructurales eran una tarea pendiente. Mientras compartíamos un almuerzo en el Banco Central a principios de 1986, me expresó su satisfacción por el éxito del programa de ajuste económico que había dirigido, pero me confesó que faltaba completar el proceso con las reformas estructurales, lo que correspondería a las nuevas autoridades que dirigirían el país a partir del 16 de agosto de ese año. En la ocasión nos sirvieron de entrada crema de caraotas con picadillo de cebolla cruda, y de plato fuerte arroz blanco, acompañado de ensalada hervida y un chillo al vapor que al degustarlo descubrí que había hecho un rápido recorrido desde el mar hasta el plato, sin ni siquiera haberse tomado un reposo en el refrigerador.

Por lo que ocurrió en el gobierno de Joaquín Balaguer, iniciado el 16 de agosto del 1986, me convencí de lo beneficioso que sería para el país que los titulares de entidades como el Banco Central pudieran disfrutar de una autonomía para que su mandato no fuera interrumpido por los límites que imponen el inicio y final de los gobiernos de turno. De esta manera se impediría que una nueva administración jugara a rasgar lo zurcido por los antecesores. De haber sido así, probablemente Hugo Guiliani Cury hubiera contribuido a evitar que el país tomara la costosa pausa, por no decir que cayera en el descarrilamiento en que se mantuvo durante el 1986-1990 en cuanto a las reformas.

Aún más, pudo haber ayudado a evitar la quiebra masiva de entidades financieras y bancos al final de ese período, pues me tocó servir la primicia el 30 de octubre de 1984 sobre los resultados de un estudio del Banco Central que revelaba que los depósitos en el sector financiero informal habían pasado de 20.8 millones de pesos en 1970 a 973.3 millones en 1982, lo que ponía de manifiesto la preocupación sobre un gran mercado financiero sin regulación. Días antes, el ministro de la Presidencia de ese entonces, Hatuey de Camps, denunciaba que sectores empresariales habían paralizado sus inversiones para depositar capitales a plazo fijo en financieras y bancos de cambio que en un futuro podrían declararse en estado de quiebra. Su candidez le llevaba olvidar que había sido en el gobierno al que servía donde se había producido el mayor crecimiento de entidades financieras y de bancos. Las sociedades financieras llegaron a sumar 620 y según un trabajo preparado por América Bastidas Castañeda en sólo cuatro años, de 1982 a 1986, se fundaron once bancos comerciales, la misma cantidad que se habían creado en setenta años, de 1912 a 1982. Además, a partir de 1982 se autorizaron 23 bancos de desarrollo.

De manera que en la gestión de Salvador Jorge Blanco se comenzó a incubar un problema que más tarde estalló con un alto costo para la población, a través de aumentos de precios y del chorro de dinero que salió de los bolsillos de los contribuyentes.

Del período en que Hugo Guiliani Cury ejerció como gobernador del Banco Central nunca me he olvidado de un hecho que me ha dejado un sabor a hiel. Desde temprano de la mañana me encontraba en el edificio del Banco Central en busca de informaciones. Eran las 3:00 de la tarde y no había almorzado. Me dirigía al salón de reuniones de la Junta Monetaria, en el piso 11, donde había un teléfono que casi siempre se mantenía desocupado, para llamar al Departamento de Transportación del diario a fin de que me pasaran a recoger. Había muerto en mí la esperanza de llevar un fruto de valor con el cual justificar la jornada. Pero, de repente me encontré en el pasadizo, frente a frente, con el representante del FMI, Julio González, alrededor de quien estaba concentrada la atención del país por su papel estelar en las negociaciones entre ese organismo internacional y el gobierno. Aprovechando mi percepción de que él tenía hacia a mí una actitud amigable, me animé a pedirle que respondiera algunas preguntas. Me pidió que le siguiera, que iba a conversar conmigo en breve.

Minutos después se acomodó en una de las dos sillas que daban a la mesita donde estaba el teléfono y me invitó a ocupar la otra.

Me habló con soltura y franqueza, quizás al percatarse de que yo no usaba grabador, sobre los problemas de la economía dominicana y de cómo entendía que debían ser enfrentados. Fueron tan claras y convincentes sus explicaciones que me animé, haciendo uso de mi memoria, a redactar una información no sólo para ocupar un espacio en la primera plana del diario, sino también para dar un poco de luz al país en un momento de tanta oscuridad. Me dijo que el problema de la economía dominicana era que el país estaba manteniendo un consumo muy por encima de su capacidad de producción y me explicó que el gobierno no debía seguir asumiendo una gran cantidad de subsidios que eran otorgados de manera generalizada, en beneficio incluso de sectores de altos ingresos.

Pero Julio González me aclaró que de ningún modo sugería la eliminación de los subsidios a los pobres, especialmente a los desempleados. Sus palabras estaban preñadas de razón, pues el subsidio que se da a un rico le arrebata un pedazo de pan de la boca al indigente, un libro de la mano al hijo de padres desempleados y un medicamento del cuerpo enfermo de quien no tiene con qué caerse muerto.

Sus declaraciones armaron un revuelo político, tal que al día siguiente me encontré con el gobernador del Banco Central y me expresó, mientras caminaba de manera muy rápida y sin detenerse: "Mario, ¿qué tú has hecho?". Aunque no hizo mayores comentarios, creí haber interpretado su mensaje. En efecto, cuatro días después, en un comportamiento ridículo, un grupo de diputados logró que la Cámara emitiera una resolución que declaraba persona no grata a Julio González, en vez de votar una declaración de gratitud por él haber expresado palabras tan juiciosas y justas. Los legisladores lo hicieron bajo el argumento de que había violado la Constitución al inmiscuirse en asuntos internos.

Julio González salió del país y creo que no volvió. Jamás le he visto y no sé qué pasó con su trabajo. Pero me quedó el profundo dolor de haber cometido la estupidez de provocar un daño involuntario a su carrera por haberme creído que con la información que servía estaba contribuyendo a que nuestras instituciones tomaran mejores decisiones para contribuir a que el país superara la crisis económica que nos azotaba. Ese sentimiento de culpa siempre me ha acompañado y ahora que me he decidido a contarlo me pega con más fuerza, pues estoy entre quienes sienten el dolor ajeno más que el propio, sobre todo si soy quien lo provoca, aún sea de manera involuntaria.

Un caos monetario como no ha habido otro igual

Cuando mayores son las torpezas que cometemos para que la victoria se nos escape de las manos, menos preparados solemos estar para asimilar la derrota. Fue lo que pasó al Partido Revolucionario Dominicano en las elecciones de 1986, una de las más reñidas celebradas en el país. La victoria de Joaquín Balaguer frente a Jacobo Majluta no fue decidida por los 43,226 votos que le computó la Junta Central Electoral de ventaja, estando aún pendientes de revisión 28,545 votos observados y 84,210 nulos. Tenía un origen interno, estaba en los propios perredeístas. Había sido provocada por el enfrentamiento entre ellos mismos, llevada al extremo de generar la paralización por casi dos meses del principal poder del Estado, el Congreso, tras la elección en el Senado el 16 de agosto de 1984 de dos bufetes directivos en representación de ese partido, uno encabezado por Domingo Tavárez Araché, de la tendencia de Salvador Jorge Blanco, y otro liderado por el propio Jacobo Majluta. Con la lucha en que se enfrascaron esos compañeros sus opositores podían sentarse a echarse fresco.

Los trabajos del Congreso permanecieron paralizados hasta el 20 de septiembre cuando fue escogido Noel Suberví, tras la renuncia de Tavárez Araché y la obligada resignación de Majluta, no sin antes haberse hecho necesaria la intervención disuasiva de la iglesia Católica.

Obviamente, este no fue un caso aislado de confrontación, sino un eslabón más en una cadena de enfrentamientos en el PRD que dieron la victoria a Balaguer, anciano al que todos daban por acabado y quien padecía de una ceguera total que lo llevó a declarar que no iba al Palacio Nacional a ensartar agujas. Con esta confesión y su paciencia infinita convenció a la población dominicana, ayudado por sus opositores, para que sentara el precedente a nivel mundial de elegir a un presidente con esa carencia vital.

Un hecho que abonó el maleficio perredeísta fueron el enfrentamiento a tiros entre partidarios de Jacobo Majluta y José Francisco Peña Gómez el 25 de noviembre de 1985 en el hotel Dominican Concord, lo cual provocó la suspensión de los cómputos para determinar quién había sido el ganador de la convención para optar por la candidatura presidencial. Igual ocurrió con la desgarradora lucha entre las tendencias de Salvador Jorge Blanco y Jacobo Majluta, que impidió la aprobación de un préstamo del Banco Interamericano de Desarrollo de 150 millones de dólares para financiar la construcción de la presa Madrigal, a pesar de que la Comisión Política de esa organización había ordenado su aprobación.

Pero aun así la contienda electoral de mayo 1986 fue tan reñida que el historiador Roberto Cassá expresó públicamente que el ganador había sido Jacobo Majluta, pero que Salvador Jorge Blanco favoreció a Balaguer porque lo consideraba "un mal mejor" para sus propósitos personales, craso error si nos atenemos al desenlace posterior. Salvador Jorge Blanco olvidaba que había desconsiderado a Balaguer al prohibirle que siguiera usando el helicóptero propiedad del Estado en que se desplazaba y que, tarde o temprano, el espíritu de venganza le haría pagar muy caro esa acción.

El propio Majluta confesó días después de haber sido declarada la victoria de su oponente que él no había visto la más mínima posibilidad de perder las elecciones, lo que revelaba que tampoco había medido las consecuencias de los actos de los grupos en su partido, que lo alejaron del poder y a Salvador Jorge Blanco le terminaron costando la vida, por los problemas de salud que se le desencadenaron tras su procesamiento judicial, acusado de haber cometido actos de corrupción por los que posteriormente fue condenado..

Con el tira y jala entre Majluta y Salvador Jorge Blanco se reeditaba en el PRD la hostilidad entre Salvador Jorge Blanco y Antonio Guzmán, así como la lucha protagonizada entre Jacobo Majluta y José Francisco Peña Gómez, pero también era una réplica anticipada del enfrentamiento en el que posteriormente se enfrascarían Hipólito Mejía y Hatuey de Camps y más tarde entre Miguel Vargas Maldonado e Hipólito Mejía.

Eran expresiones reveladoras de que para zanjar sus diferencias los perredeístas habían escogido el camino de consumirse en sus antagonismos, pues en su relación ha imperado la rigidez extrema, que los lleva a la violencia para defenderse uno de los otros o atacarse entre sí. No han usado otro lenguaje que el que hiere, y han cerrado el paso al terreno de la sutileza, en el que germina la convivencia.

Es verdad de Perogrullo que no hay partido sin contradicciones entre sus miembros porque moriría, pero para que éstas puedan dar vida a una organización sus integrantes siempre deben tener una ventana abierta como salida al entendimiento.

Siendo Majluta y Jorge Blanco ramas de un mismo tronco no supieron crear ese espacio. En cambio, Joaquín Balaguer siempre mantenía esa ventana abierta, a pesar de estar en el bando opuesto.

Así, mientras Majluta negaba todo tipo de colaboración al gobierno para enfrentar una de las situaciones económicas más difíciles de la economía dominicana y Juan Bosch, líder de la tercera fuerza política, pedía la dimisión de Salvador Jorge Blanco, Joaquín Balaguer reclamaba al sector privado el 30 de octubre de 1984 -tras reconocer que era necesario que el país se sometiera a una disciplina estricta- su colaboración de manera más estrecha con los sectores públicos en busca de mejores soluciones a la crisis que nos afectaba. La temeraria petición de Bosch fue respondida con una acción no menos temeraria del presidente Jorge Blanco, quien diez días después ordenó que militares rodearan durante once horas la casa del líder opositor.

Otro era el comportamiento de Balaguer, quien con su sutil proceder, hacía un llamado a todos los dominicanos a apoyar al gobierno para asegurar que el orden institucional no se interrumpiera. Aún más, el 25 de diciembre de 1984 expresó, en momentos en que el FMI era presentado como un cuco, que no veía otra opción para enfrentar la crisis económica del país que no fuera la firma de un convenio con ese organismo internacional.

En cambio, la miopía de Majluta lo llevó a oponerse a las modificaciones impositivas presentadas por Salvador Jorge Blanco, y así congraciarse con la élite industrial del país que pedía que el presupuesto de 1985 fuera aprobado con una disminución de la mísera carga tributaria que imperaba en ese momento, como si a la actividad empresarial le resultara indiferente la existencia de un Estado con capacidad financiera para garantizar la gobernabilidad.

Mario Cabrera, presidente del Consejo Nacional de Hombres Empresa, que más tarde cambió a Consejo Nacional de la Empresa Privada, en una entrevista que me concedió el 11 de julio, tras el triunfo electoral de Balaguer, demandaba al nuevo gobierno una reducción de la carga fiscal con estas palabras: "El sector empresarial se encuentra ante un nuevo proceso de ajuste porque no habiendo pasado los efectos del ajuste económico, estaría ahora ante el reajuste de un cambio político y de conceptualización"; y agregaba: "En los cuatro años recién pasados estuvimos sometidos a una transformación de nuestra economía, en la cual las autoridades hacían énfasis en aumentar el peso fiscal sobre las actividades productivas de la nación, proponiendo una serie de legislaciones para financiar el aparato gubernamental sobredimensionado, en lugar de poner un mayor énfasis en la eficiencia del mismo".

Como el candidato del PRD a la Presidencia no guardó distancia ante esa posición, actuaba como si no tuviera posibilidad alguna de alcanzar el poder, pues sin una base fiscal que hiciera sostenible el programa de ajuste implementado por el gobierno de Salvador Jorge Blanco en el marco del Acuerdo Stand By con el FMI, el país a heredar sería ingobernable. Lo que pasó en el posterior cuatrienio, a pesar del ajuste aplicado por el gobierno de Jorge Blanco y de que frente al Estado estaba un hombre que había hecho una maestría de doce años en manejo prudente de las finanzas públicas, así lo confirmó.

El hecho es que la nación tenía a otro conductor, y como es normal cuando se produce un cambio de gobierno, sobre todo si el escenario es el de una nación con poca institucionalidad, el periodista debe someterse a muchos ajustes logísticos para cumplir con su misión. Los actores cambian, por lo que se pierden vínculos y hay que construir otros. En materia de acceso a la información económica, debo reconocer que el gobierno de Salvador Jorge Blanco había sido muy accesible, por lo menos en la etapa final del período, que fue la que me tocó cubrir.

Siempre tuve abiertas las puertas de funcionarios y de muchos de los técnicos que sirvieron en ese período, entre ellos Hugo Guiliani Cury, Héctor Valdez Albizu, Eligio Bisonó, en el Banco Central;

José Colón, en la secretaría de Finanzas y de Luis Manuel Piantini en la Oficina Nacional de Planificación (ONAPLAN). Lo mismo debo decir de Gumersindo del Rosario, uno de los hombres que más conocía el tema de las cuentas nacionales. Eran tan abrumadores sus conocimientos que le costaba trabajo descender a un nivel que le permitiera dejarse entender por los legos, pues se movía en un nivel impenetrable hasta para los entendidos. A mí mismo se me hacía difícil interpretarle, a pesar de que fue mi profesor de la materia en la universidad. El trabajo se me facilitó luego con Olga Díaz, quien se sometió a un proceso de aprendizaje que la llevó a escalar tan alto que pudo sustituir al maestro.

En honor a la verdad, debo confesar que en estos técnicos veía entonces una pasión, una entrega por su trabajo y una humildad que distan mucho del comportamiento posterior de algunos de quienes les han heredado. En los últimos años he observado una marcada inclinación hacia la soberbia y el provecho personal a costa incluso del interés del país, con sus honrosas excepciones.

El caso es que para ejercer el periodismo tuve que emplearme a fondo a partir de 1986, pues algunos de esos técnicos pasaron a otros escenarios y los hubo que descontinuaron su acostumbrada colaboración. Además, tuve que esquivar algunas asechanzas, como las de un periodista cuyo tiempo de ejercicio hacía que me llevara ventaja en el acceso a muchas fuentes, pero le molestaba que algunos especialistas de la economía prefirieran utilizarme de canal para hacer llegar su mensaje a la opinión pública. Me había favorecido que desde que inicié la carrera siempre he hecho énfasis en acercar el lenguaje del experto a la capacidad de comprensión del común de los mortales y de no derramar demasiadas palabras para no enturbiar las aguas al pescador de la verdad. Él se sentía merecedor de ese privilegio por los años de ejercicio que llevaba. Su desdén por la investigación le llevaba a tratar de cubrir esa falta con especulaciones y manipulaciones. Su rol se concentraba en redactar historias por encargo, que carecían de la fuerza del periodista acucioso e independiente. Aunque renunciaba a su compromiso con la objetividad, he de reconocerle su habilidad, pero su falta de escrúpulos contribuyó a que desarrollara un gusto arraigado por las intrigas. Era, además, una persona que se escindía en dos vidas, hasta en sus preferencias más íntimas.

Nunca he hecho descansar el éxito en el fracaso de mi competidor, pero él siempre vio en mí a una piedra en el camino a la que había que quitar. Se valió de múltiples intrigas para indisponerme con alguien que abría y cerraba muchas puertas a quienes ejercíamos la profesión en esta área, aprovechándose de que esa persona compartía algunas de sus torceduras. Posteriormente llegó incluso al atrevimiento de ofertarse para sustituirme en mi trabajo. Pero mi labor se impuso. Yo había entrado al periodismo por la puerta delantera y me resistía a salir por la de atrás, pero a él lo movía sólo un interés mezquino, pecado capital en quien ejerce esta profesión. Daba demasiado importancia al dinero, pero no le resolvía su problema, pues estaba entregado a una vida insostenible de placeres y desenfrenos, que le consumía todo lo que conseguía y terminó devorándolo, sin que quedara nada perdurable de él, pues aunque escribió muchas historias, entre ellas nadie pudo nunca encontrar una que fuera si no profunda, por lo menos cierta.

Había otro periodista de igual calaña, pero no descendía al peldaño de degradación de aquél. Parafraseando a Plotino, éste no estaba tan cerca de las bestias y tan lejos de los dioses. No causaba daño a los demás, por lo que nunca asomó en él la intriga; el daño se lo infringía así mismo, comenzando con el "look" al que se había aferrado, con el que se excedía tanto en su esfuerzo por evitar el desaliño que le llevaba a bordear los límites de la ridiculez. Su peor pecado era su codicia desenfrenada, que le llevaba, cuando participaba en alguna rueda de prensa, a acercarse sigilosamente a quien la había convocado para preguntarle que dónde estaban los datos, y cuando recibía la respuesta de que todo estaba en el documento que se había entregado, reaccionaba diciendo que no era a esos datos a los que se refería, y para que mejor le entendieran, de manera sugerente rozaba suavemente la yema de los dedos índice y pulgar de la mano derecha. Ignoraba que aunque es de justicia que todo ser humano se esfuerce porque su trabajo le produzca el dinero con el que llevar una vida digna, es execrable sacrificar por el dinero el honor profesional. Entre sus hazañas estuvo la de convencer a representantes de Dios en la tierra, que por su naturaleza no le es dable repartir dinero, sino leer sermones.

Pero estas conductas no me hacían perder el camino. Tenía otros ejemplos a emular que estaban mucho más cerca de mí, que me evitaban el drama de avergonzarme de la profesión. No puedo dejar de detenerme en uno de ellos. Se trata de una persona de una nobleza insobornable, con la que compartí la misma oficina en este período crucial de mi carrera: Minerva Isa. Antes de conocerle, pensaba que era yo una persona dedicada a lo que hacía, pero con ella descubrí lo que son la dedicación y la responsabilidad. Todo lo que pueda decir de ella sería insuficiente para encerrar las virtudes que la adornan. Pero su mayor grandeza está en que puede vanagloriarse de sus virtudes, pero no se vanagloria de nada. De sus ojos vi descender riadas tras percatarse de que un trabajo suyo había salido publicado empastelado, y eso me marcó para siempre. Mientras compartíamos la oficina, varias veces perdí la noción del tiempo, sobre todo cuando tenía que escribir para el suplemento económico, trabajo que se agregaba al del día a día, y hubo ocasiones en que, absorto, me marchaba del lugar de trabajo, estando ya ella ausente, y, azorado, me encontraba con que la redacción central había quedado totalmente vacía; y cuando salía a la calle, me sorprendía de que el tráfico también había desaparecido. Entonces era que me enteraba de que la madrugada me había caído abruptamente encima y que al llegar a mi hogar encontraría a mis hijos totalmente dormidos. Nunca llegué a contarle esto para no fortalecer la percepción que ella tenía de que yo era una persona distraída. Fue cuando se me ocurrió escribir esta historia que en una retrospectiva nostálgica, me confesó que varias veces a ella le había ocurrido lo mismo, se perdía en el tiempo. Aprovecho ahora que hago este relato para dar fe de que una de mis mayores satisfacciones en la carrera y en mi vida ha sido haberla conquistado para que se convirtiera en la madrina de tres de mis hijos.

Ese trato familiar lo recibí también de la mayoría los periodistas que cubrían el área económica. Nos dábamos muchos "palos", pero eso no nos enemistaba. Con Héctor Linares, Carmen Carvajal, Julio César Malone y, posteriormente, con Emilio Ortiz me enzarcé en una competencia que devino en amistad recíproca y que ha crecido con el tiempo.

Salvo los deplorables casos señalados, era en un escenario de armonía en que me movía. Incluso recibí mucho apoyo del ejecutivo a quien visité infructuosamente cuando buscaba por primera vez trabajo y con quien luego compartí el mismo espacio. Nunca me habló de nuestro primer encuentro ni se lo recordé, pero he quedado con la percepción de que su desdén fue tan real aquella primera ocasión que mi rostro no había quedado registrado en su memoria.

Fue entre esas sombras y luces que me dispuse a continuar cumpliendo con mi rol durante el nuevo gobierno. El mismo día de la toma de posesión de Joaquín Balaguer se produjo un hecho que facilitó mi tarea, aunque el país no pueda decir lo mismo: la designación al frente del Banco Central de Luis Julián Pérez. Su protagonismo me ahorró mucho trabajo. En su área no había necesidad de esforzarse mucho para indagar la noticia. Él lo revelaba todo y un poco más.

Julián Pérez había llegado al cargo cobijado bajo una autoridad que se alimentaba de un pasado remoto, pero esa fortaleza era su debilidad, pues no le permitió ayudar a la nueva gestión a reencontrarse con una economía que distaba mucho de lo que había sido durante el gobierno de Doce Años de Balaguer y de la que prevaleció cuando a él le tocó trabajar en la fundación del Banco Central, bajo la dictadura de Trujillo. Como estaba desactualizado en el seguimiento de la evolución de la economía, su desconocimiento aumentaba con los años que iba cumpliendo.

En la personalidad de Julián Pérez había un agravante, el de que parecía confundir la truculencia con la firmeza. Evidenciaba no entender que hasta en la amonestación se debe actuar con moderación, sobre todo en el trato a una personalidad como la del embajador de Estados Unidos Paul D. Taylor, contra quien procedió de manera inapropiada por haberse sentado en su despacho a hacerle sugerencias de cómo enfrentar una situación que llevaba al país al incumplimiento de sus compromisos financieros, sin que lo detuviera el hecho de que estaba ante el representante de la nación de mayor importancia en las relaciones internacionales de la República Dominicana. Estuvo bien que no se comportara como un adocenado, pero estuvo muy mal que conminara al embajador a que abandonara su despacho.

Las primeras declaraciones de Julián Pérez, tras su nombramiento, dieron la nota de que actuaba como quien da palos a ciegas. Cometió el mismo error que José Santos Taveras en su efímera gestión, el de prometer bajar la tasa de cambio a dos pesos por dólar en una coyuntura en que debía apostar a la estabilidad, con lo que enviaba un mensaje que llevaba la incertidumbre y activaba la especulación en un mercado donde la tasa de cambio había mantenido, bajo la gestión de Hugo Guiliani Cury, una tendencia descendente hasta estabilizarse en dos pesos con ochenta centavos por dólar, desde niveles muy superiores a la barrera de los tres pesos. Actuaba contrario a la opinión de técnicos de los que estaba separado por una distancia de siglos. Éstos entendían que la tasa no podía seguir bajando, entre ellos Andy Dauhajre, quien sugirió en marzo de 1986 que el Banco Central redujera el encaje legal para devaluar la moneda de manera que volviera a niveles cercanos a los tres pesos por dólar, en torno a los cuales se habían ajustado los precios. Además, la apuesta de Julián Pérez desentonaba con sus declaraciones del 2 de septiembre de 1986 cuando alertó al país de que la expansión del circulante amenazaba la economía. Hasta un lego se daba cuenta de que en un mercado en el que crecía la cantidad de pesos que buscaban dólares era un absurdo prometer una reducción del precio de la divisa.

El resultado fue que la tasa de cambio bajó al principio de su gestión, pero sólo por unos días y de manera especulativa. Al año, dos meses y diecisiete días salió del Banco Central sin haber cumplido el compromiso de apreciar la moneda; al contrario, su gestión acumuló una devaluación de 63.1 por ciento, al pasar la tasa de 2.82 pesos en agosto de 1986 a 4.60 en septiembre de 1987, no obstante haber impuesto controles en la asignación de las divisas que crearon discriminaciones irritantes y una atmósfera de tensión.

No menos cuestionable fue su política sobre el endeudamiento externo. Prefirió el lamento, bajo el supuesto de que la economía dominicana no estaba en capacidad de pagar su deuda, a desarrollar una política de negociación que asegurara que el país recibiera un flujo neto positivo de recursos. Su desenfoque fue tal que después de salir del cargo rumió su fracaso hasta sus últimos días, en vez de hacer que le sirviera de llave para abrirse paso hacia la rectificación. Siguió esgrimiendo, como motivo de orgullo, que en su gestión no se había tomado un solo centavo en préstamo, como si esto tuviera algún mérito en una economía abierta que cargaba una deuda que había que honrar sin sacrificar el desarrollo, por lo que no podía cerrarse a un endeudamiento para inversiones en obras que aseguraran su retorno. Él mismo había admitido que la República Dominicana iba a tener que disponer de más de 600 millones de dólares en un solo año para honrar su deuda.

De su desenfoque Julián Pérez nos dejó de testimonio esta frase: "Hemos demostrado en estos quince meses que podemos subsistir sin la necesidad de un dólar de los americanos". Estaba enfrascado en una lucha por la resistencia, no por el desarrollo. Era evidente que para él era más importante cerrarse las puertas del endeudamiento que evitar los sufrimientos que padeció la población, castigada con rudeza por el proceso inflacionario y devaluatorio generado por su política.

Pero, en honor a la verdad, pocos gobernadores han trabajado tanto como lo hizo Luis Julián Pérez. Se entregó con demasiada pasión, lo que le llevó a descuidar la racionalidad y a provocarse daños en su salud. Debió trabajar menos, pero mejor. Según la Fundación Economía y Desarrollo, en sólo un año de su gestión la Junta Monetaria evacuó ciento treinta y ocho resoluciones de control de cambios. Su problema estaba en que, a pesar de sus buenas intenciones, las medidas no iban en la dirección de resolver los problemas, sino de agravarlos. Por ejemplo, una de las medidas fue la de obligar a los exportadores, so pena de recibir un castigo, a entregar las divisas a una tasa que en septiembre de 1987 era de 3.50 pesos por dólar, pero tenían que adquirirlas para sus importaciones de insumos y maquinarias a una tasa de 4.20 pesos por uno. En un país sin exportaciones y que, por tanto, el gobierno debía estimularlas, esta medida era absurda.

Julián Pérez no fue destituido del cargo; se vio obligado a renunciar tras una reunión en la que el presidente Joaquín Balaguer prácticamente lo desautorizó a continuar ejerciendo sus funciones. Él mismo así lo confesó en la carta de renuncia que dirigió a Balaguer el 24 de octubre de 1987, al expresarle que, "para ser sincero", su decisión tenía mucho que ver "con la reunión que celebró usted con la Junta Monetaria el pasado viernes, para cambiar impresiones acerca de la situación económica, fiscal y cambiaria del país, en la cual oímos manifestaciones claras de su insatisfacción acerca de los puntos expuestos por el suscrito a nombre de la Junta Monetaria y como consecuencia de los pronunciamientos que se habían recibido de los mismos sectores empresariales en reuniones anteriores, con los cuales usted tratará los mismos temas próximamente".

El periódico Última Hora divulgó el 26 de octubre de 1987 algunos de los puntos en torno a los que Balaguer y Julián Pérez se habían enfrentado en la reunión a que éste alude. Julián Pérez pidió que se facultara al Banco Central a controlar las importaciones, pero Balaguer se opuso y advirtió que esa era una facultad de su exclusividad, por mandato de la Constitución. Además, Balaguer decía que Julián Pérez había sido errático, mientras que éste se quejaba de que aquél lo había dejado solo. Al final de la reunión, Balaguer advirtió que intervendría de manera más dinámica en los asuntos monetarios y que haría lo mismo que había estado haciendo Julián Pérez: "reunirse con sectores para buscar pareceres y adoptar posiciones". Estaba claro que ya Balaguer no quería a Julián Pérez en el Banco Central y éste entendió la seña.

Como sustituto de Julián Pérez, Balaguer designó el 1 de noviembre de 1987 a Roberto Saladín, de quien muchos sectores esperaban que descontinuara la política de truculencia cambiaria, pues siempre se había declarado como un hombre que creía en la economía de libre mercado e incluso designó como asesor de la gobernación al mayor promotor de las ideas liberales en el país en ese momento, Andy Dauhajre, quien duró poco al renunciar inconforme con su política. Las expectativas de cambio quedaron expresadas en una crónica publicada por Última Hora en la que se señalaba que algunos de los nombrados en el Banco Central "fueron, desde el sector privado, críticos del control cambiario y ardientes defensores del mercado libre de divisas".

Pero, tras mantener un sistema de reintegro de divisas que fue definido por la Fundación Economía y Desarrollo como el "sistema remozado de Luis Julián Pérez" y sin haber podido contener la devaluación y la inflación, corrió la misma suerte que su predecesor: renunció días después de haber asegurado a un amigo en un solemne acto que él daría la vida por el mercado libre. La renuncia se produjo luego de haberse enfrascado en un conflicto con Opinio Álvarez Betancourt por éste negarse a autorizar el otorgamiento de algunas pensiones, que no procedían, a funcionarios del Banco Central y de haber dispuesto el cierre de los bancos y casas de cambio en el marco de lo que definió como "Operación Duarte", con la que ofrecía un mal servicio a la memoria del padre de la patria, quien ofrendó su vida en sacrificio por la libertad. A Saladín le pasó lo que le ocurre a todo el que, ante un reto difícil, renuncia de repente a las ideas en que siempre ha creído: perdió el camino. En el caso de Álvarez Betancourt, no le conocí pecado en el ejercicio de sus funciones que no fuera aspirar a lo perfecto.

En el año y diez meses que Saladín permaneció en el cargo el peso se devaluó en 52.2 por ciento, al pasar la tasa de cambio en el mercado negro de 4.60 a 7:00 pesos por dólar.

La explicación que dio sobre su renuncia fue la de que lo hizo porque el gobierno estaba permitiendo importaciones que no estaban siendo financiadas por las divisas controladas por el Banco Central. Era como pedirle al Estado que se autoliquidara en un momento de alto déficit fiscal, en el que tenía apremio por las recaudaciones, e imponer a la población mayores privaciones derivadas de los aumentos de precios y el desabastecimiento. Evadía ir a la raíz del problema, el de que Banco Central había instaurado un sistema para captar dólares a una tasa irreal. Como los agentes económicos se mueven por incentivos, ese sistema estaba condenado al fracaso, pues siempre habrá quienes estén dispuestos a no dejarse tomar de tontos útiles y a buscar que les paguen por sus dólares la tasa real.

Tras la renuncia de Saladín, el 17 de septiembre de 1989, Balaguer nombró en la gobernación del Banco Central a Guillermo Caram, de quien no esperé un cambio de política que revertiera el proceso devaluatorio e inflacionario, pues desde su posición como Secretario Técnico de la Presidencia mantuvo tanto hacia las gobernaciones de Julián Pérez y

Roberto Saladín como respecto a la política fiscal una actitud de complacencia y connivencia, pues siempre justificada el caos a que había sido llevada la economía dominicana con el argumento de que "un poco de inflación era el costo que había que pagar por el crecimiento económico".

En su gestión, que terminó al ser destituido, el peso se devaluó en 57.1 por ciento, al pasar en el mercado negro de siete pesos por dólar en septiembre de 1989 a 11 pesos en junio de 1990, con el agravante de que estalló la crisis bancaria con la quiebra masiva de entidades financieras y de bancos comerciales, que vino acompañada de una fiesta de sobregiros bancarios que sembraron la incertidumbre y la desconfianza en el sistema financiero del país.

Con Caram terminó el período gubernamental de peor manejo de la política monetaria después de la creación del Banco Central y en el que se produjo una especie de limbo en las reformas económicas. Durante su gobierno de Doce Años, Balaguer había instaurado un orden económico, pero su administración de 1986-1990 fue un caos. Según cálculos de la Fundación Economía y Desarrollo, la inflación acumulada alcanzó el 340 por ciento en ese período; la devaluación, el 330 por ciento, y el sistema financiero fue sacudido por la primera gran crisis después de la creación del Banco Central en 1947.

Los daños no pudieron ser peores para la población, que después de ser castigada por los desajustes y sus correcciones durante el gobierno de Salvador Jorge Blanco, sufrió en esta gestión de Balaguer el mayor deterioro de su poder adquisitivo que registre la historia en período similar, así como un irritante desabastecimiento de productos esenciales.

La situación era tan difícil que bastaba con que cualquier desconocido se parara en una esquina para convocar a una huelga general, y el éxito estaba asegurado. Con cada salida del sol surgía una protesta en algún rincón del país que alteraba el diario vivir de sus comunitarios.

Nunca he hecho algo para obtener reconocimiento sino para sentir la satisfacción de haberlo hecho bien. Pero en medio de esos trastornos obtuve reconocimientos en mi ejercicio de los que no me sentía merecedor, pero que nunca olvidaré porque me animaron a evitar las torceduras en la carrera, entre ellos un premio de la representación local del Banco Interamericano de Desarrollo (BID) y varios libros que recibí de manos del director del periódico Hoy, Virgilio Alcántara, como premio por haber ganado varias veces la competencia como el periodista a quien mayor cantidad de primicias se le habían colocado en la portada del diario. Eso reforzó mi convencimiento de que nada material es más imperecedero que un libro. Gran dolor me causó, sin embargo, que ese periodista modelo de manos de quien recibí esos premios, sacrificara luego su ejercicio por un consulado en el exterior, decisión que mi ingenuidad nunca me permitió entender.

Posteriormente fui sintiendo una especie de fobia frente a los premios al descubrir que algunos de sus promotores más que premiar la firmeza buscaban ablandar el ejercicio profesional y había periodistas que se inclinaban más en apostar al premio, aunque le llevara a la postración, que a cumplir con su deber.

Estuve, sin embargo, tentado a cometer un error en mi carrera: un profesional a quien siempre he distinguido y apreciado por sus dotes profesionales y morales me ofertó trabajo en otro medio. La oferta era tentadora porque me daba la oportunidad de trabajar al lado de una persona de su valía, además yo podía fijar el monto del salario. Le pedí que me diera tiempo para pensarlo. En principio la respuesta me parecía difícil, pero luego vine a cuenta de que no lo era. Ni en este caso ni en el de ofertas posteriores, he hecho descansar esta decisión sólo en el dinero. Particularmente siempre he creído que un medio de comunicación no sólo es lo que son sus ejecutivos periodísticos, sino sobre todo quiénes son sus propietarios. Había probado a mi empleador y sabía que lo que le podía faltar de generoso le sobraba en respeto al ejercicio profesional. La fortuna jugó a mi favor, pues posteriormente el ejecutivo, que no era un profesional que no se acomodaba a ciertas inconsistencias, se vio obligado a renunciar y la publicación, a la que algunas novedades editoriales le colocaron en las alturas, pronto se vino abajo estrepitosamente, arrastrada por una fuerza patrimonial equívoca. De manera que mi instinto evitó tomar un camino que me hubiera llevado, cuando menos, a la interrupción de mi carrera.

No tuve la misma suerte respecto a la amistad que inicié en ese período con uno de los periodistas que cubría el área económica. Eran tiempos en que como resultado del estallido de la primera crisis bancaria, algunos bancos y entidades financieras se dedicaban a capturar a comunicadores para que los colmaran de elogios y lanzaran lodo que salpicara a sus competidores. El instinto siempre me ha protegido para no caer en estas tentativas, pero al ver que mi amigo estaba en la cuerda floja, le advertí sobre los riesgos que corría y le acompañé en la búsqueda de la verdad. Entonces, comencé a ver la luz en algunas de sus historias, pero para mi sorpresa con el transcurrir del tiempo volvían a tornarse oscuras. Lo que más extrañeza me causaba era que llegaba al extremo de desmentir sus propios aciertos.

Entonces me dediqué a observarlo y descubrí que cuando él oía hablar de dinero, sus pequeños ojos cambiaban a ojuelos codiciosos de rata y se perdían en una cabeza que había crecido de manera desproporcionada. Su conducta era imprevisible: era ya difícil saber cuándo iba a servir la verdad y cuando iba a sorprender con el engaño. A partir de entonces fuimos dos alas que volaban en dirección opuestas, por lo que terminó nuestra amistad. Así mi ejercicio dejó de correr el riesgo de ser arrastrado por los extravíos de su conciencia. Pero como los afectos no pueden ser arrancados del alma sin dejar heridas que a veces ni el tiempo puede curar, para mí la ruptura resultó muy dolorosa.

De la oscuridad brotó la energía que nos iluminó

La oscura noche que vivió el país bajo la administración de Joaquín Balaguer iniciada en 1986 amenazó con extenderse, tras ser declarada su pírrica y cuestionada victoria en las elecciones de 1990 frente a su opositor Juan Bosch, pero en medio de esa oscuridad impulsó un proceso que generaría la energía para producir la luz que daría paso a días llenos de esperanza.

Varias misiones de extranjeros llegaron al país para ayudar a Joaquín Balaguer a entender el problema de la economía e hicieron propuestas para superarlo. De manera que la bola quedaba en manos del Presidente, un estadista con el temple para hacer los lanzamientos que le aseguraran ganar el juego.

Pero la situación no era percibida de esta manera por una gran parte de la población, que había sufrido los males generados por el desorden monetario, la inflación y el desabastecimiento y viendo que el

PRD participaba dividido en las elecciones, con José Francisco Peña Gómez y Jacobo Majluta como candidatos a la Presidencia, apostó a Juan Bosch, que representaba la tercera fuerza electoral. La fortuna, sin embargo, jugó en ese momento a favor del país, pues no había tiempo que perder para ejecutar las reformas económicas, y de haber ganado Bosch, la República habría caído en una etapa incierta con una conducción errática, porque para gobernar no iba a contar con la muleta de que sirvió Balaguer posteriormente a su partido y tampoco iba a resultar fácil convencerlo de que firmara oportunamente un acuerdo con el Fondo Monetario Internacional, organismo al que había rebautizado con el sobrenombre de Policía Monetaria Internacional. Además, su Alzheimer detectado en 1987 y desvelado después, lo habría incapacitado para ejercer la primera magistratura de la nación.

La primera misión que llegó al país fue una del FMI. Estuvo del 18 al 26 de octubre de 1989.

Entregó su informe el 11 de diciembre de 1989 en el que planteaba que la política de mantenimiento de la tasa de cambio nominal fija había llevado a una reducción marcada de la competitividad internacional, con una apreciación de la moneda de 35 por ciento de agosto de 1988 a septiembre de 1989. Recomendaba "restaurar la competitividad y reconstruir la confianza en el sistema cambiario, en el contexto de un régimen de tasa de cambio flexible, apoyado por políticas financieras adecuadas".

Luego visitó el experto Arnold Harberger, quien sugirió una devaluación inicial del peso en el mercado oficial para llevar la tasa a entre 7.00 y 7.35 pesos por dólar (se había mantenido en 6.35), así como la adopción de un sistema de mini-devaluaciones de medio centavo por día hasta lograr la unificación de los mercados y las tasas.

El flujo de consejeros foráneos no se detenía. En una de sus acostumbradas inauguraciones de obras públicas, Balaguer anunció la llegada de una misión del Banco Mundial encabezada por Richard Lynn Ground, la que pisó tierra dominicana en febrero de 1990 y entregó su informe en marzo de ese año. Ésta pedía que la tasa de cambio fuera elevada a 9.15 pesos por dólar y sugería que fuera acompañada de políticas monetarias y fiscales restrictivas.

Quiso la casualidad que las recomendaciones encontraran eco en Balaguer. En su decreto del 20 de junio de 1990, con el que designó a Luis Toral al frente del Banco Central, estableció: "Mientras dure en el desempeño de sus funciones, el nuevo gobernador del Banco Central de la República Dominicana deberá mantener comunicación personal y directa con el Presidente de la República". Guardé distancia de quienes criticaron esta designación bajo el argumento de que Toral no era economista, pues esta condición no es imprescindible para asegurar una buena gerencia y teníamos la experiencia de economistas que lo habían hecho muy mal en el Banco Central, aunque también los había que lo habían hecho bien. Me aventuré a adelantar que el nombramiento de Toral marcaría un cambio en la conducción de la política económica. Escribí: "¿Cuáles han sido las críticas más fuertes que se han hecho a la política económica del gobierno? Creemos que dos: la incoherencia y falta de coordinación que sectores dicen que hay entre la política fiscal y la política monetaria, y la expansión del gasto público, que ha obligado al uso de dinero inorgánico para cubrir el déficit". Y agregué: "Con la designación de Toral deberían desaparecer estos problemas, pues en el decreto que lo designa establece que deberá mantener informado directa y diariamente al Presidente de la República de las actividades del Banco Central", lo que debería ayudar a la coordinación entre ambas políticas.

Una segunda señal de cambio llegó el 5 de julio de 1991 con una carta de intención que dirigió el gobierno al gerente general del FMI, Michael Camdessus, para la firma de un acuerdo stand by. En la anterior gestión Balaguer había evitado todo tipo de compromisos con ese organismo internacional. El acuerdo fue firmado y el éxito no se hizo esperar: la tasa de inflación bajó de 100.7 por ciento en 1990 a 4.02 en 1991 y a 6 por ciento en 1992.

De manera simultánea fueron iniciados el programa de estabilización y las reformas estructurales. La primera señal de su compromiso con esas reformas la dio Balaguer en 1988, con la decisión de crear, mediante el decreto 557 del 8 de diciembre de ese año, una comisión para examinar "la legislación vigente relativa a incentivos y protección industrial, de manera principal de las leyes Nos. 299 y 145, del 23 de abril de 1968 y del 29 de junio de 1983, respectivamente, debido a que dicha legislación debe ser actualizada, para que responda al grado de evolución de la empresa dominicana, dentro del presente nivel de desarrollo de la economía nacional".

Desde que se comenzó a trabajar en su diseño, la reacción de los sectores sobreprotegidos no se hizo esperar sobre lo que aún estaba por llegar. Ante declaraciones ofrecidas al periódico El Siglo por el técnico extranjero José Herrero, quien había asesorado al gobierno en esta materia, el editorialista del periódico El Caribe, cuya pluma inclinaba al servicio de una élite industrial rentista, reaccionó de esta manera: "Se ha anunciado que la hora de la revolución ha llegado en este país. Y, aparentemente, se hará por decreto".

Además, cuestionaba que Herrero había ofrecido un esquema, a propósito de la anunciada reforma arancelaria, "cuya intención es alcanzar objetivos hasta ahora asociados con el triunfo de revoluciones armadas, inspiradas en ideas extremadamente radicales".

Asimismo, ponía en dudas que Herrero estuviera transmitiendo el pensamiento económico y político del presidente Joaquín Balaguer. "Y nos aventuramos a expresar esta creencia porque todos cuanto conocen al Jefe de Estado saben que ni en lo formal ni en lo sustantivo, ese es su estilo ni manera de pensar".

"En varias etapas -agregaba El Caribe- Balaguer ha gobernado a este país, por más de década y media, sin que su retórica -y mucho menos sus acciones- revelen la intención de, excediéndose de sus atribuciones y poderes constitucionales, cambiar radicalmente nuestras estructuras sociales y económicas por arcaicas que puedan parecer al señor Herrero".

Pero ignoraba el editorialista de El Caribe que ilegalidad mayor era la que imperaba hasta entonces, con un arancel inaplicable, que había llevado a que, al margen de la ley, los propios industriales se pusieran de acuerdo con el gobierno para establecer una lista de valores acomodada a sus intereses, nunca pensando en el consumidor.

La decisión de Balaguer de iniciar la reforma arancelaria a través del decreto 339-90, para luego llevarla a ley, buscaba evitar que los grupos industriales hicieran de ella un picadillo en el Congreso. El propio Balaguer había dicho, en un encuentro celebrado de noche en el Palacio Nacional con el equipo que trabajaba en el proyecto, antes de que esta fuera presentada al Congreso, que si era enviado al cuerpo legislativo cada industrial se iba a hacer un traje a la medida, por lo cual expresó su disposición de iniciarla por decreto, y luego enviarla al Congreso Nacional, como en efecto hizo.

Aun así, hubo despojos, pues el poder de algunas industrias capturó voluntades. Para sólo dar un ejemplo, los industriales del aceite lograron con el decreto 366-91, que modificaba el 339-90, rebajar la tasa de 25% a 30% para los aceites refinados importados, que se exonerara del pago del ITBIS el aceite bruto, pero que en cambio lo pagara el producto final, así como que se pusiera a pagar el recargo cambiario a los aceites brutos y que se dejara libre de ese pago a los refinados. Con todo esto consiguieron elevar la protección efectiva para su industria, cuando lo que procedía era bajarla.

Ahora bien, ¿qué había dicho Herrero para que el editorialista de El Caribe reaccionara tan alarmado? Esta incuestionable verdad: "El problema es que las estructuras del comercio internacional de la República Dominicana, para hacer que este país sea capaz de reproducirse, tienen que ser fundamentalmente alteradas, porque no puede ser que los alimentos básicos de la población estén dominados absolutamente en forma monopólica; que los insumos más importantes de la agricultura estén dominados monopólicamente; que las relaciones más importantes entre los insumos y los productos de la producción nacional estén dominados en forma monopólica, y que después tengamos que oír acerca de las bendiciones de la competencia".

Pero si la reforma arancelaria reducía las prácticas abusivas en que incurrían los monopolios en perjuicio de los consumidores, vía una disminución de sus márgenes de beneficios, aunque no los iba a hacer desaparecer porque eso depende de una fuerza reguladora de los mercados con la que no ha contado la República Dominicana por su precariedad institucional, ¿por qué entonces el editorialista de El Caribe, que se había mantenido todo el tiempo pidiendo leyes especiales anti-monopolio, reaccionaba así? Porque los monopolios no temen en países como la República Dominicana a las leyes anti-monopolio, pues tienen muchos mecanismos para burlarlas. En cambio, sí han temido a una reforma al arancel que abra el mercado.

De ahí la reacción de los defensores de los industriales pescadores de renta, quienes cuando el cambio arancelario llegó recogieron sus prédicas de libre mercado para atrincherarse en el proteccionismo. La primera expresión de ese cambio de actitud fue la división surgida en el Consejo Nacional de Hombres de Empresa con la salida el 29 de octubre de 1991 de la Asociación Nacional de Importadores y la constitución el 9 de enero de 1992 de la Unión Nacional de Empresarios.

Los conflictos también provocaron un cambio en la posición de una parte del sector empresarial hacia la Fundación Economía y Desarrollo, que era tenida como una "niña linda" cuando las prédicas del libre mercado iban dirigidas a hacer que el Estado redujera su intervención en la economía, pero se volvió fea y odiosa cuando su discurso tocaba los beneficios de renta y los monopolios en el sector privado.

El cambio quedó evidenciado al comparar sendos discursos pronunciados por los empresarios Roberto Bonetti y José Vitienes en la puesta en circulación de varios libros de la Fundación Economía y Desarrollo el 26 de marzo de 1990 con la conducta que asumió posteriormente la élite industrial.

Decía Bonetti: "Es muy importante esta actividad informativa que realiza la Fundación Economía y Desarrollo, así como sus otras publicaciones, pues existe entre nosotros una confusión muy generalizada sobre lo que es la libertad de mercado. Aún dentro del sector empresarial leemos en numerosas ocasiones opiniones que tienden a desvirtuar esta libertad y por ende a limitar las posibilidades de desarrollo y de crecimiento de nuestra economía.

Es muy difícil lograr que la mayoría de la opinión pública acepte que la libre iniciativa privada, a través de la libertad de mercado, es la única vía que podemos utilizar para mejorar los niveles de vida de nuestra población. Pero parece más fácil querer desvirtuar la ley de oferta y demanda y vendiendo la idea a nuestra población de que son empresarios los culpables de situaciones que tienen su origen fuera de la capacidad de decisión de las empresas existentes en nuestro país".

Mientras que Vitienes sostenía: "Soy lector asiduo de las publicaciones de la Fundación. Su estilo directo, analítico, a veces mordaz, expone en forma atractiva, clara y precisa los criterios y opiniones que sustentan los economistas y colaboradores de la Fundación Pero más importante que eso, es que admiro la labor que la Fundación y sus directivos llevan a cabo para identificar nuestros problemas, para diagnosticar posibles soluciones y sugerirlas a toda la nación.

En estas actividades de diagnosis y prognosis del estado de nuestra economía, la Fundación se encuentra en la vanguardia del pensamiento económico y social".

¿Qué pasó después, cuando llegó el debate sobre las reformas estructurales y se produjo el choque de dos corrientes: la que impulsaba la liberalización comercial y la que se aferraba a un esquema de generosas concesiones fiscales? La élite industrial sacó de su reino a la fundación. Se llegó a obligar al Grupo Financiero Nacional a retirarle cuentas bancarias y lo mismo se pretendió sin éxito con el Grupo Popular. Hubo incluso quienes intentaron poner precio a la cabeza de su director ejecutivo, Andy Dauhajre. Las presiones se extendieron a la Asociación Nacional de Jóvenes Empresarios (ANJE), que había sido una ardorosa defensora de las reformas, pero poco a poco grupos industriales que la financiaban fueron empujándola a una actitud atrasada. Esto provocó que saliera de ANJE el economista José Alfredo Guerrero, quien no pudo mantener por mucho tiempo la dualidad de defensor de los principios del libre mercado y su rol de director ejecutivo de esa asociación.

El encono de los grupos que controlaban a ANJE llegó al extremo de impedir que se realizara un acto para la puesta en circulación de un libro institucional preparado por José Alfredo Guerrero con artículos publicados en la página Hablan los Empresarios, que mantenía el gremio en el pe-

71

riódico El Siglo. Guerrero era un competente profesional, comprometido con causas nobles, pero como de su pluma salían misiles, había sido etiquetado con el sobrenombre del "Pin Montás de la Fundación", en referencia a aquel dirigente de la izquierda radical dominicana que, para hacerse sentir, compensaba la falta de seguidores con un ruidoso y extremista discurso.

A la cruzada proteccionista no escapó el representante residente del Programa de las Naciones Unidas para el Desarrollo (PNUD) en el país, César Miquel, a quien por haberse convertido en el interlocutor por excelencia al servicio de las reformas, le llovieron los ataques. Fue acusado de ser un extraterrestre, de vivir en la luna y de utilizar al país como un laboratorio de inventos foráneos, por lo que me sentí en el deber de salir en su defensa. De él escribí:

"De César Miquel, que junto a José L. Corripio (Pepín), recibió una placa de reconocimiento de Forum Empresarial, esta columna, escrita por un dominicano que se siente orgulloso de su nacionalidad como el que más, quiere decir lo siguiente:

Algunos han tratado de quitar mérito a su gestión al frente del PNUD por colaborar con las reformas económicas que se llevan a cabo en el país, con el argumento de que extranjeros están tratando de tomar a nuestro país como modelo de inventos foráneos, lo cual a su entender perjudica el interés nacional.

Ahora bien, ¿cuál es el interés nacional? ¿Cómo se mide? Para nosotros el interés nacional hay que verlo en función de nuestro progreso, de nuestro desarrollo".

Algo que frene e impida nuestro desarrollo, es obvio que perjudica el interés nacional.

Con las reformas económicas que se llevan a cabo en el país, con la colaboración del PNUD, "están sentadas las bases, los cimientos -como afirmó Miquel al recibir la placa de reconocimiento- para un desarrollo social y económico más equitativo y sostenible".

Y esto fue posible lograrlo -como también dijera Miquel- mediante un ajuste estructural 'en que se minimizaron los traumas sociales'.

Hay quienes le han atribuido cumplir el papel de un secretario de Estado, y estamos de acuerdo con ellos. Puede decirse que Miquel ha sido en los hechos el secretario de Estado de las Reformas.

Pero eso no debe hacernos sentir mal porque ha sido beneficioso para el interés nacional, pues ha evitado que las reformas hayan sido contaminadas por los intereses particulares, aunque en honor a la verdad hay que admitir que en muchos casos estos intereses han terminado imponiéndose por encima del criterio de los técnicos".

Si la reforma bajó los aranceles para consumidores y productores, ¿entonces por qué el rechazo? Porque hacía disminuir los márgenes de rentabilidad de los industriales sobreprotegidos, y hay quienes incurren en el absurdo de preferir operar con altos márgenes aunque sea al precio de alimentar la pobreza e insostenibilidad de su entorno social.

El tema de los márgenes de beneficios fue abordado con maestría, en medio del debate en torno a la reforma arancelaria, por el empresario Pepín Corripio en un encuentro sobre "Cambios Mundiales, Desarrollo y Concertación Social", celebrado en el Club de Ejecutivos de Santo Domingo en agosto de 1991. Corripio afirmó entonces: "El verdadero problema de la industria nacional no es tanto el problema de mercado, que es muy difícil que lo pierda; es un problema de márgenes de utilidad, lo cual es muy legítimo que cada uno obtenga por su esfuerzo el mayor rendimiento posible, también. Pero la misma industria en algunos casos pone en evidencia sus propios márgenes cuando las rebajas de sus productos repentinamente exceden el treinta o treinta y cinco por ciento del costo de un producto, y sigue siendo competitiva y rentable".

Y agregaba: "Hay que cuestionarse y, por lo tanto, debe tenerse en cuenta, saber cuándo y dónde está el límite de resistencia, o de si ese punto crítico es un problema sicológico muy humano, de conformarse o no con determinados beneficios, porque todos sabemos que esa es una cosa muy relativa".

Para dejarse entender mejor, Corripio, quien fue una de las pocas luces en el ambiente de oscuridad que predominaba en el discurso empresarial del país, contó "una anécdota verídica de Cuba, de un señor español que llegó sin un centavo; tuvo muchísimos ingenios, hasta construyó el puente sobre el río Almendares, y cuando vino la crisis del treinta se quedó sin dinero, nada más le quedaban en esa fecha ocho o nueve millones de dólares, y se ahorcó".

"Esto es verídicamente auténtico", afirmaba Corripio, y agregaba: "Quiere decir que el problema de los márgenes de utilidad sigue siendo un problema muy subjetivo que hay que estudiar a fondo".

Cuando no era el cuento de que se le quería quitar el mercado, el argumento que utilizaban los industriales sobreprotegidos para oponerse a la reforma era el de la gradualidad. Decían que no era a las reformas a lo que se oponían, sino a que se aplicaran de golpe. Este argumento también fue desmontado por Corripio en el señalado encuentro: "La gradualidad de la transformación de la estructura económica es un punto sumamente delicado: la gradualidad realmente lleva veinticinco años y no ha avanzado mucho, y los resultados son cuestionables. Yo entiendo que se debe mantener la gradualidad en las áreas que lo necesitan y que tienen perspectivas de ser competitivas y mejorar, no indiscriminadamente para cualquier tipo de industria. Yo, por ejemplo, cuento con algunas industrias que dentro de veinte años que me den de gradualidad voy a hacer exactamente lo mismo que estoy haciendo ahora, porque el próximo paso sería tener una siderúrgica, lo cual es inoperable en la República Dominicana por un problema de competitividad y por veinte mil otras razones más. Entonces, hay algunas industrias, no todas se pueden poner en el mismo saco, y uso siempre los ejemplos míos para que nadie se sienta aludido o afectado, por razones de delicadeza; y debo mencionar que en mi caso hay muchas otras industrias a las que la gradualidad ya no les sirve de nada y en las que las decisiones a tomar deben ser a más corto plazo".

"Por otro lado-agregaba Corripio-, la gradualidad es un tema delicado. ¿La gradualidad por cuánto tiempo? ¿Por cinco, por diez, por veinte años más? Bueno, esperar, cinco, ocho, diez, quince o veinte años más para saber los resultados es muy peligroso, porque eso sería la consagración de un sistema y la inamovilidad en cierta forma del desarrollo económico dominicano".

Proclamaba Corripio que "la inamovilidad debe de romperse, porque la gradualidad debe ir acompañada de una retribución de la empresa al bien común. Toda empresa que no pueda justificar, honestamente y de manera comprobada las concesiones que va recibiendo, debe ser verificada año por año para saber si merece seguir pasando escalones sucesivos, decrecientes o no, o manteniendo las mismas concesiones, o a su vez debe de perder las concesiones".

El choque de opinión sobre la reforma arancelaria también se expresó en ese encuentro en torno a planteamientos del economista Héctor Guiliani Cury, quien dijo que ya era hora de que el sector industrial abandonara "el lema de competencia para ti y no para mí" y reconociera abiertamente "que los pedidos de medidas de protección excesiva, no importa cuál sea su ropaje, mejora la posición de unos pocos y empobrece al resto de la sociedad".

Héctor Guiliani Cury se fue a lo concreto, y explicó que si pasábamos revista a los sectores agrícola, ganadero e industrial a través de la ley 299, "veremos que desde finales de la década de los sesenta esos sectores se han beneficiado con incentivos y otras medidas para protegerlos de la competencia. A pesar de los innumerables incentivos, la producción industrial y la producción lechera nacional se mantienen rezagadas".

"No debemos olvidar –agregaba Héctor Guiliani Cury- que antes de la reforma arancelaria se permitía la importación de leche al Inespre y a cuatro productores privados, mediante permisos oficiales a bajas tasas arancelarias. Éstos envasaban la leche en polvo en fundas plásticas y otras las mezclaban para venderla como leche líquida. La reforma arancelaria, que inicialmente fue atacada por sus efectos inflacionarios, contribuyó a hacer más accesible el consumo de este preciado líquido, a pesar de que la leche es gravada con treinta y nueve por ciento de ITBIS sobre su precio CIF".

Los planteamientos de Héctor Guiliany Cury, tan claros como convincentes, hicieron perder el buen humor a José Miguel Bonetti, quien contraatacó diciendo que "no le agradaba exponer de último porque eso lo obligaba a referirse "a una persona que me antecedió (en obvia referencia a Guiliani Cury), quien ha dicho que hablaba a título personal y no a nombre de las Naciones Unidas ni del Secretariado Técnico de la Presidencia, instituciones a las que él les presta sus servicios".

"Hablar a título personal –continuó diciendo- es una posición muy cómoda que no comparto, ya que no puedo venir a este encuentro y decir que voy a hablar a título personal y pretender que mis ideas no estén influenciadas por los intereses que yo represento. Estoy seguro de que si digo que no represento a nadie, no se me tomaría en serio".

Aún más, afirmó que "es muy difícil hablar y decir que nuestro país debe tener una apertura total y que no debe producir leche, arroz, habichuelas, que no debemos producir nada porque quizás seamos menos eficientes que otros países. Pero esos sectores generan la demanda de productos que de otra manera no podríamos satisfacer. Por tanto, acepto que ésa sea la opinión personal del señor Guiliani, pero es lamentable que no haya expresado la opinión oficial de las Naciones Unidas o del Secretariado Técnico, para uno saber dónde está parado".

La posición de José Miguel Bonetti era reveladora de la incoherencia del sector industrial, que históricamente ha mantenido una posición resbaladiza, pues aborda los temas económicos con luminosidad cuando exige competencia a otros, pero su discurso se torna oscuro y mezquino cuando la competencia roza sus intereses. Gran parte de nuestro sector industrial se acostumbró a vivir en el mejor de los mundos: con una protección efectiva que en muchos casos superaba el 100 por ciento, reclamaba libertad de mercado, condiciones en que se justifica la intervención del Estado. Los controles de precios son malos en una economía donde funciona la competencia, pero en mercados altamente protegidos son una tabla de salvación para los consumidores expoliados.

Si no, veamos cómo, de manera anticipada, desnudaba Roberto Bonetti las posiciones que su propio grupo mantuvo después en torno a la reforma al participar en un panel del sector privado en la economía que se había celebrado 5 y 6 de junio de 1981 en La Romana, con el auspicio de la Cámara Americana de Comercio.

"Yo creo que en materia de precio perjudicamos al que produce en algunos casos y no beneficiamos al consumidor. Porque donde quiera que hay lo que pudiera llamarse un subsidio, hay que pagarlo de algún sitio. El subsidio no es una cosa que cae del cielo, y muchas veces estamos subsidiando o, al revés, protegiendo, y en el análisis final el subsidio sale del mismo consumidor, pero en otro renglón, o sea, que en estos casos los subsidios, si se analizan a fondo, resultan más costosos al consumidor que eliminar el subsidio en un renglón particular".

Años después esta posición había sido abandonada tanto por el sector industrial como por él mismo cuando la reforma arancelaria tocó sus márgenes de rentabilidad, porque no es lo mismo llamar al Diablo que verlo llegar. Roberto Bonetti agregaba:

"La idea detrás de todo esto es justamente eliminar el mecanismo de protección a cualquier nivel, ya sea al club industrial o a cualquier otro y tratar de buscar una situación que refleje una realidad de mercado. Donde quiera que un sector es protegido contra otro hay una intervención por parte del Estado, porque es el Estado el que lo está propiciando. Por eso, un punto importante es ver quién toma las decisiones y, obviamente, al Estado hacerlo tenemos el poder económico en un grupo de burócratas que dice hagan o no hagan esto, den o no le den divisas a fulano de tal, den o no den exoneración a Zutano. Todo el tema de discusión aquí es que deberíamos tratar de modificar este sistema para ir a uno donde el mercado libremente dicte cuál va a ser el resultado de una transacción. Es decir que no sea un burócrata que decida, sino que realmente tengamos que trabajar dentro de un sistema de mercado que nos favorezca de acuerdo a las habilidades o la suerte de cada individuo".

¿Cuántas discusiones y distorsiones en la reforma arancelaria nos hubiéramos ahorrado si el industrial protegido no se hubiera tragado al empresario y nuestro sector industrial no hubiera tirado al cesto ese discurso?

Pero parece ser que cuando se habla de ineficiencia nuestros empresarios sólo piensan en el sector público. Por eso escribí el 12 de noviembre de 1994:

"Estamos plenamente de acuerdo con que debemos declararle la guerra a la ineficiencia estatal, que se pone más claramente de manifesto en las empresas públicas.

Cada vez son más los dominicanos que se convencen de la necesidad de que las empresas públicas sean privatizadas, y que el Estado se concentre en la función que le es propia: la normativa.

Obviamente, es fácil darse cuenta de la ineficiencia estatal y del precio que tenemos que pagar los dominicanos para financiarla, a través de la transferencia de ingresos que aportan los contribuyentes y que debieran dedicarse a otros fines, así como mediante emisiones de dinero inorgánico que pagan los consumidores con aumentos de precios.

Pero, hay otra ineficiencia que pagan a un alto precio los dominicanos, sobre todo los más pobres, que no se ve tan claramente, ya que es financiada a través de mecanismos poco transparentes. Es la ineficiencia en sectores privados, que es financiada por los consumidores con altos aranceles que elevan los precios de los productos que se consumen.

Contrario a lo que ocurre con la ineficiencia pública, pocas veces se habla de la ineficiencia privada y del costo que tiene para los consumidores".

En principio, el sector industrial mantenía una posición cerrada de rechazo a la reforma, pero al final del proceso de discusión hubo voces que comenzaron a ceder y a mostrarse más reflexivas. De esto me percaté cuando el 5 de marzo de 1993 escribí:

"A veces la gente se sorprende, y con razón, por la facilidad con que en el país se cambian los discursos. Sin embargo, hay ocasiones en que estos cambios son beneficiosos.

Es lo que nos parece está ocurriendo en nuestro sector industrial.

Muchos industriales, no todos, adoptaron una actitud no sólo de resistencia ante las reformas económicas, particularmente la arancelaria, sino incluso de boicot en algunos casos.

Pero con el tiempo esta actitud ha venido cambiando. Nos complace que industriales más sensatos, como el presidente de la Asociación de Empresas Industriales de Herrera, Luis Sánchez Noble, y el presidente de la Asociación de Empresas Industriales de Haina, Celso Marranzini, aparezcan ahora en primera fila urgiendo al Congreso Nacional a aprobar el proyecto de reforma arancelaria, por entender que las tasas que se establecen son adecuadas.

Después de estos planteamientos esperamos que otros industriales se distancien de la idea de que las reformas acabarán con nuestros sectores productivos.

Naturalmente, el proceso de apertura no debe detenerse, debe ejecutarse en forma gradual, pero progresiva. No hay razones para que lo detengamos en lo que tenemos ahora, no sólo porque en algunos casos la reforma fue desnaturalizada para proteger a determinados segmentos de la industria, sino también porque en la medida en que el sector industrial vaya haciéndose más competitivo, dejará de ser necesario el mantenimiento de la gran variedad y los niveles actuales de las tarifas arancelarias.

Creemos que todos los que soñamos con la simplificación de las operaciones del comercio exterior y con un país más eficiente, debemos mantener la meta de que algún día, cuando las condiciones lo permitan y el sector industrial esté preparado, se establezca en nuestro país un sistema arancelario de tasa única.

Mientras tanto, debemos felicitarnos de que líderes de nuestro sector industrial urjan al Congreso Nacional a aprobar una reforma que muchos llegaron a considerar que sería la causa de nuestra destrucción".

Otras eran las razones que movían a algunos economistas a oponerse a la reforma arancelaria. En el caso, por ejemplo, de Miguel Ceara Hatton, sus posiciones eran conceptuales, no respondían a intereses de grupo. En un artículo que publicó en el diario Hoy en enero de 1993, cuando ya la reforma arancelaria estaba en plena vigencia, abogaba por altos aranceles, para evitar el deterioro de la balanza comercial, por lo que me sentí en el deber de reaccionar con una columna en la que le cuestionaba que no incorporara en su análisis el sesgo anti-exportador que producen los altos aranceles, y citaba lo planteado sobre el tema por expertos en la materia:

"El reconocido economista Arnold Harberger ha escrito: 'Las restricciones y aranceles sobre las importaciones también actúan como restricciones indirectas sobre las exportaciones'. También ha afirmado: 'Los aranceles a las importaciones generan un sesgo aniti-exportador producido por el aumento en los costos internos que estos producen' (Arnold Harberger, Economic Policy and Economic Growth, International Center for Economic Growth, 1985, páginas 10 y 12)".

Igualmente, Anne O. Krurger ha explicado claramente el concepto de sesgo anti-exportador que producen lo aranceles. Ha afirmado: 'Un régimen de promoción de exportaciones generalmente tendría un coeficiente de sesgo anti-exportador menor a la unidad, mientras que un régimen de sustitución de importaciones, caracterizado por elevados aranceles y restricciones a las importaciones, generalmente opera con un coeficiente de sesgo anti-exportador superior a 2' (Handbook of International Economics, volumen I, International Trade, Editors: Ronald W Jones, Peter B. Denen, North-Holland, 1984, capítulo II, página 529)".

Ceara Hatton escribió un segundo artículo en el que sostuvo que "hay una relación directa entre el movimiento del arancel y el movimiento de la balanza comercial. Si el arancel sube, las importaciones bajan, porque aumenta el precio del producto importado y mejora la balanza comercial".

Nos preguntábamos que si era así, "por qué entonces el deterioro de nuestra balanza comercial comenzó en una época de aranceles prohibitivos y por qué el crecimiento de nuestra economía, en el modelo proteccionista que pretendemos transformar, dependía de un crecimiento de nuestras importaciones".

"Ahora bien, supongamos que Ceara Hatton tiene razón, agregábamos- Entonces, ¿debemos los dominicanos, mucho menos los economistas, abogar por un aumento de los aranceles para reducir las importaciones, a pesar del sesgo anti-exportador, el cual nos incapacitaría para exportar, debido a que los altos costos no nos permitirían competir en los mercados externos?".

Lo importante es que con la aprobación de la reforma arancelaria en abril de 1992, que convirtió a Balaguer de procreador en sepulturero de la Ley 299 que alimentaba al sistema de sustitución de importaciones, se generó en el país un crecimiento económico que dejó al desnudo la miopía de muchos empresarios, pues aunque pasaron a operar con menor rentabilidad, sus ganancias aumentaron como resultado de un mayor volumen de negocios y de la expansión y diversificación de sus actividades económicas. Si los resultados no se tradujeron en equidad social fue porque, además de las cuestionadas prioridades del gasto público y de su mala calidad, el país se quedó rezagado en el papel regulador del Estado, lo que permitió que las prácticas monopólicas siguieran dominando en el mercado interno.

Conflictos como los generados por la reforma arancelaria, también se dieron en torno al Código Tributario. La primera resistencia a vencer fue la de las centrales sindicales, que en principio no entendían la reforma, cuando en realidad beneficiaba a los trabajadores porque además de que fortalecía la capacidad financiera del Estado para mejorar los precarios servicios públicos,   establecía una exención, ajustada por inflación, que liberaba a la mayoría de los asalariados del pago del Impuesto Sobre la Renta. La labor del Centro de Orientación Tributaria, presidido por Francisco Canahuate, ayudó a que el sector laboral rectificara su posición.

Poco después se presentó la primera disensión en el sector empresarial. En una reunión convocada por el presidente Joaquín Balaguer a finales de 1991, en la cual el economista Constantine Vaitsos explicó a representantes del sector empresarial el alcance de la reforma, el presidente de la Asociación Nacional de Importadores, Andrés Dauhajre, sugirió que en el caso de que se demorara en el Congreso Nacional su aprobación, se dispusiera por decreto la exención de hasta 60 mil pesos en el pago del impuesto sobre la renta, que se contemplaba en el proyecto de ley, para dar cumplimiento a un acuerdo del Diálogo Tripartido. Pero algunos medios entendieron que lo planteado por Andrés Dauhajre había sido que la reforma tributaria se aplicara por decreto para ponerlo en contra del sector empresarial, dado que en ese mismo encuentro él había defendido la propuesta del gobierno en relación con los impuestos selectivos al consumo.

Tras Andrés Dauhajre fijar su posición, el entonces presidente del Consejo Nacional de Hombres de Empresa, George Arzeno Brugal, en vez de adoptar una posición de conciliación y equilibrio, cuestionó que Andrés Dauhjare hablara sin haber sido autorizado por el CNHE, del cual era directivo. La posición de Dauhajre fue, en cambio, calificada de interesante por el presidente Balaguer, quien pidió en público a la secretaria de Finanzas, Licelot Marte de Barrios, que le gestionara una copia.

Uno de los temas que mayor disenso generó fueron los incentivos fiscales. Inicialmente, el CNHE planteaba su eliminación, pero en una reunión de su directiva, Ramón Menéndez (Papo) se mostró en desacuerdo.

Sin embargo, Andy Dauhajre hizo una exposición en esa reunión, pues era época en que todavía él era acogido en ese reino, en la que afirmaba que si era aceptada la tasa propuesta para el impuesto sobre la renta de 20 o 25 por ciento, menor a la de 30 por ciento vigente, las empresas terminarían aportando lo mismo que antes de la reforma aun con los incentivos, pues estaban pagando una tasa efectiva de 23 por ciento. Entonces, el presidente del CNHE, Luis Augusto Ginebra, reaccionó diciendo: "Es verdad. Apoyemos eso".

Más tarde, sin embargo, los sectores empresariales beneficiarios de las leyes de incentivos emprendieron una cruzada para evitar su eliminación. El propio CNHE, en carta pública dirigida a la secretaria de Finanzas, pedía el 26 de agosto de 1991 gradualidad en su eliminación.

Hubo, en cambio, quienes adoptaron una posición más sensata. Pedro Gamundi y Esther Aristy publicaron en El Nacional del 25 de agosto de 1992 que "en una auténtica economía de mercado, la actitud más liberal que puede adoptar un Estado frente a la inversión es la neutralidad. Serán los agentes económicos -esto es, los inversionistas privados- los que, basados en consideraciones de eficiencia, asignarán sus recursos a aquéllos renglones de la economía que les ofrezcan mayor rentabilidad". Y hacían esta defensa del Código: "Entendemos que el Código Tributario se vale de dos mecanismos básicos para lograr el citado enfoque de neutralidad frente a la inversión nacional y la extranjera a los fines del impuesto sobre la renta, dándole un trato más igualitario al capital foráneo que el que ofrecía la ley 5911. El segundo mecanismo de neutralidad y al cual nos vamos a referir en este artículo, consiste en la eliminación de la mayoría de las exenciones otorgadas por leyes especiales a algunos sectores de inversión, combinada con la necesaria reducción de las tasas nominales del impuesto sobre la renta a las personas físicas y jurídicas".

Otro punto de discordia fue el del Impuesto Selectivo al Consumo. Como resultado de las presiones que ejercían productores de bienes sujetos a este gravamen, fue el tributo al que más modificaciones se le introdujeron. En principio se planteó una tasa de 30 por ciento y terminó en una de 10 por ciento para la mayoría de las bebidas alcohólicas y de los cigarrillos.

Algo peor, después de aprobado el impuesto, las presiones se movieron hacia el reglamento para su aplicación. Los sectores con más poder aprovecharon que el entonces director de Rentas Internas, José A. Quezada, se inclinaba más a favorecerlos que a defender el interés del Estado, para obtener ventajas en perjuicio de otras empresas que comercializaban los mismos bienes.

De las inclinaciones de Quezada quedó evidencia en una carta que el Consejo Nacional de Hombres de Empresa dirigió a la secretaria de Finanzas, Licelot Marte de Barrios, el 26 de agosto de 1991, en la cual afirmaba: "En relación a este importante anteproyecto de ley, el director general de Rentas Internas, en su calidad de vocero oficial en este caso específico, señaló que el interés del Gobierno era fundamentalmente transformar los impuestos específicos en advalorem y que en lo concerniente al ron, cerveza y cigarrillo de producción nacional, el Estado tuviese una recaudación por lo menos equivalente a la actual". La posición de Quezada había sido dudosa desde cuando se trabajaba en la propuesta de diseño del Código, pues elaboró un proyecto con tasas ad-valorem mucho más bajas que las propuestas por los técnicos del PNUD e incluso con algunos impuestos específicos, de fácil evasión.

En cuanto al aumento del ITBIS de 6 a 8 por ciento, entendí necesaria esta medida. El 29 de abril de 1992 escribí que el ITBIS "es uno de los impuestos más transparentes y de más fácil recaudación, y todos tendríamos que pagarlo", y agregábamos que "aceptaríamos más una posición que condicionara la aprobación del proyecto de reforma tributaria a la supresión del recargo cambiario, que afecta a todas las importaciones, incluidas las de materias primas, insumos y maquinarias para la producción". Uno de los elementos más positivos del Código Tributario fue el de que conllevó la eliminación de la comisión cambiaria del 15 por ciento a las importaciones. Sin embargo, el peso que en los últimos años se ha dado a este impuesto en las recaudaciones ha sido exagerado, al punto de hacer regresivo al sistema tributario del país.

El tira y jala entre sectores empresariales arrastró a algunos de nuestros economistas. La firma consultora Ecocaribe quedó dividida en dos, en una competencia entre las partes por atraerse una mayor tajada del pastel que ofrecían los grupos opuestos a las reformas a sus defensores. Eduardo García Michel, Manuel Cocco e Isidoro Santana se quedaron en Ecocaribe y Carlos Despradel y Alfonso Abréu Collado montaron tienda aparte.

Muchos de nuestros técnicos dejaron de serlos para convertirse en sastres de la economía que cortaban la tela y diseñaban el traje a la medida de quienes les financiaban, aunque no ajustara al bien colectivo. Siempre hice esfuerzos por evitar que la opinión pública confundiera la opinión del técnico con la del consultor que arrimaba la brasa a la sardina de quien le pagaba.

Obviamente, por mi conducta tuve que pagar algún precio. Hubo empresas hacia las cuales mantuve una actitud de colaboración que se disgustaron con mi actitud de favorecer que los impuestos dieran un trato equitativo a los iguales y de evitar que algunos sacaran ventaja sobre sus competidores. Algunas llegaron a retirar la publicidad de un programa de comentarios económicos en que participaba, lo que siempre sentí como un daño menor porque quedaba al nivel de lo material. Lo que sí me lastimó fue la actitud de acoso que, por el cumplimiento del deber, en algunos momentos llegué a sentir de quienes nunca lo esperé.

Incluso se utilizó a colegas como conducto para descargar sobre mí esas presiones. Uno de los profesionales a quienes guardaba un respeto que se elevaba a la reverencia me sorprendió un día con la pregunta, fuera de tono, de quién me había ofrecido una información que acababa de publicar en torno a los aprestos de un sector para conseguir un tratamiento impositivo que la colocaba en una posición privilegiada frente a sus iguales. Mi respuesta era previsible: Nunca en mi trayectoria he revelado mi fuente noticiosa. Siempre he preferido asumir todos los riesgos al publicar una información. Por eso jamás nadie se ha arrepentido de haber depositado su confianza en mí.

Como a pesar de mi respuesta el colega insistió, me limité a explicarle que mi deber era publicar todo lo que fuera noticioso en mi área, sobre todo cuando el interés colectivo estuviera de por medio.

La reacción del hostigador no fue la de disculparse por haber hecho una pregunta impertinente o de refugiarse en el silencio, sino que con una mirada acusadora, a través de la cual ejercía más violencia sobre mí que con sus palabras, continuó sometiéndome a un interrogatorio con el que pretendía condenarme, y al chocar con mi firmeza, me descargó como reprimenda otra pregunta, igual de improcedente: ¿quién me había dicho que yo estaba para cuidar del interés colectivo? Olvidaba que no puede haber buen periodismo sin compromiso social.

Estuve a punto de estallar en furia, pero me dominé y comprendí que ataduras muy fuertes lo habían llevado a comportarse de manera tan extraña y que nuevas respuestas de mi parte iban a ser improductivas, por lo que a partir de ese momento respondí con un prologando silencio. Si hubiera continuado hablando mi reacción se habría podido interpretar como una falta de respeto, pues la sangre me circulaba a una velocidad que me había cortado la respiración. La verdad era que no me había preparado para una reacción suya que jamás me imaginé. Hubiera deseado que nunca ocurriera para que el respeto que tenía hacia su persona no sufriera y mi veneración hacia él no descendiera hasta llevarme a sentir repugnancia por su extraño comportamiento.

Finalmente el Código Tributario o Ley 11-92, que había sido presentado al Congreso el 12 de noviembre de 1991 fue aprobado, tras vencer una gran resistencia por parte de sectores de la industria, el 29 de abril de 1992 por el Senado, luego de haber sido aprobado el 26 de marzo por la Cámara de Diputados. Su promulgación se produjo el 16 de mayo de 1992.

Conflictos parecidos se generaron en torno a la reforma del Código de Trabajo. Todo comenzó con el decreto 407 mediante el cual el presidente Joaquín Balaguer designó el 9 de octubre de 1990 a Lupo Hernández Rueda, Rafael Alburquerque y Milton Ray Guevara para que elaboraran el proyecto de ley.

Esta comisión entregó la pieza al presidente Balaguer el 10 de enero de 1991, quien la introdujo al Congreso, a través de la Cámara de Diputados, el 26 de octubre de 1991. A los dieciséis días de ser depositado, al proyecto le pasó la legislatura sin que fuera aprobado, por lo que tuvo que ser reintroducido en la primera legislatura ordinaria de 1992.

Como el propósito de Balaguer era que el proyecto fuera al Congreso ya consensuado, lo entregó a Agripino Núñez Collado. Con ese propósito se celebró un encuentro en Jarabacoa, que terminó el 24 de mayo de 1991, en el cual el sector empresarial representado en el CNHE, objetó la pieza. Hablando en nombre de la entidad, su presidente, George Arzeno Brugal, expresó "su más enérgico rechazo al proyecto con el argumento de los comisionados habían desbordado el límite de sus atribuciones". A su juicio, su trabajo debió haberse fundamentado en los acuerdos del Diálogo Tripartito de agosto de 1988 y septiembre de 1989, los cuales, según su parecer, sólo les facultaba para modificar los artículos 69 y 78 del Código de Trabajo vigente. Otra fue la posición de Andrés Dauhajre, quien desde el principio consideró que el proyecto presentado era un excelente instrumento para iniciar las negociaciones.

Ante esa situación escribí el 16 de enero de 1992 lo siguiente:

"Nos parece que el debate en torno al Código de Trabajo va por mal camino.

Las cosas no se están manejando como si no se quisiera una reforma equilibrada del Código, que se corresponda con nuestra realidad social.

Una reforma que reconozca los derechos del trabajador en el marco de una sociedad moderna o que tratamos de modernizar y que no imponga un costo a la empresa tan alto como para hacerla desaparecer o ponerla en difícil situación.

Creemos que ciertamente en el Código de Trabajo hay algunos aspectos que deben ser objeto de una mayor ponderación.

Compartimos que el trabajador debe recibir una adecuada protección, a fin de que no sea víctima de un trato abusivo en las empresas en que trabaja. Sobre todo si se trata de trabajadores que han dedicado toda una vida a sus respectivas empresas.

Pero no se debe caer en la sobreprotección, porque entonces estaríamos promoviendo el parasitismo en una sociedad en la que debemos dedicar mucho más esfuerzo a incentivar el trabajo.

Por eso entendemos que deberían ser objeto de una mayor ponderación los aspectos que tienen que ver con el costo social que representan para las empresas el pago de preaviso, cesantía y pensiones, así como el tiempo y la frecuencia en que se otorgan las licencias por embarazo y las demandas por acoso sexual.

De manera que haya un equilibrio entre los derechos de los trabajadores y el costo social que las empresas deben asumir para respetar esos derechos.

Además, se debe evitar que una empresa despida en forma abusiva a sus trabajadores, pero esto no debe implicar obligar a un empresario a mantener en su puesto de trabajo a una persona que no lo merezca porque haya hecho todo lo posible para que se le despida.

La libertad de elección de sus trabajadores de que debe gozar un empresario no debe ser suprimida, pero el trabajador debe recibir las prestaciones correspondientes si es objeto de un despido.

Creemos que si el debate es enfocado hacia estos aspectos se puede llegar a un consenso para lograr la necesaria reforma del Código de Trabajo.

Evitemos con un cuestionamiento generalizado del proyecto de reforma del Código frustrar esta reforma, que es lo que algunos ya temen que buscan determinados sectores".

Como el empresario representado en el CNHE se mantenía cerrado a ceder, la Cámara de Diputados, tras celebrar vistas públicas, aprobó el proyecto en primera lectura el 7 de abril de 1992.

La reacción del sector empresarial no se hizo esperar. En un comunicado a la nación, el CNHE afirmó el 9 de abril que "ante la insólita aprobación en primera lectura por parte de la Cámara de Diputados del proyecto de modificación del Código de Trabajo, desestimando las diferencias que hemos hecho, este Consejo deja constancia publica de que el contenido de dicha pieza legal es desequilibrado" y enumeraba razones en que sustentaba su posición.

En lo que parecía una ofensiva para detener el proceso de aprobación del proyecto, al día siguiente aparecieron dos cartas públicas del presidente de la

Organización Internacional de Empleadores, Jean-Jaques Oechslin, dirigidas al presidente de la Confederación Patronal, para que quedara la percepción de que no era necesaria la reforma laboral, sino solo modificar los artículos 69 y 78 del Código.

Pero esta posición no detenía a los legisladores. El presidente de la Cámara de Diputados, Norge Botello, advirtió, tras esas publicaciones, que "el proyecto de Código de Trabajo será aprobado a unanimidad en segunda lectura en ese hemiciclo, lo que atribuyó al convencimiento de los bloques sobre el costo político que tendría su no aprobación".

A partir de entonces, el sector empresarial comenzó a variar su posición. El 16 de abril de 1992 hizo público un documento en que, contrario a su posición inicial, expresaba su disposición de negociar la reforma. Días después, el 21 de abril, el CNHE, tras reunirse con los líderes de los principales partidos, anunció la creación de una comisión negociadora, integrada por los empresarios George Arzeno Brugal, Mario Cabrera, Andrés Dauhajre, Bienvenido Martínez, Manuel Enrique Tavares y Félix García, como miembros titulares. Los suplentes eran José Vitienes, Antonio Isa Conde, Diego de Moya Canaán, José Cerón, José Manuel Paliza y Heriberto de Castro.

Fue así como cuando finalizaba abril de 1992, luego de cuatro días de intensas negociaciones, con la mediación de Agripino Núñez Collado, las partes lograron un consenso en torno a 650 de los 740 artículos del proyecto.

En relación con los puntos en conflicto escribí el 4 de mayo de 1992:

"Lo que hace falta es una mayor comprensión de las partes.

Los trabajadores deben entender que al sector empresarial no se le puede imponer un costo tan alto que pueda afectar la inversión y el empleo. Esto de ninguna manera conviene a la clase trabajadora.

Y el sector empresarial debe comprender que estamos en otros tiempos y que no es posible regatearles a los trabajadores reivindicaciones que otros países similares al nuestro les han ofrecido".

Las negociaciones se reanudaron con una primera ronda el 9 de mayo de 1992, en la que se avanzó bastante en los puntos en los que se mantenía la discordia. Esto posibilitó que en la segunda ronda, que culminó en la madrugada del domingo 10 de mayo, se llegara a un consenso en torno a los 740 artículos. La Cámara de Diputados aprobó el 14 de mayo en segunda lectura el proyecto, en base a los acuerdos a que llegaron las partes, y el Senado lo convirtió en ley el 25 de mayo. Fue promulgada el 29 de mayo como Ley 16-92.

Ante ese hecho de gran trascendencia para la convivencia social, escribí:

"Parece paradójico que en un país en el que ha sido escasa la negociación colectiva, la cual requiere de que trabajadores y patronos se pongan de acuerdo, haya sido posible aprobar por consenso la legislación laboral que regirá en lo adelante.

Sin dudas que a esto ha contribuido que al frente de la Secretaría de Estado de Trabajo esté el doctor Rafael Alburquerque, quien da mucha importancia a la participación de los interlocutores y ha sabido hacer ver al sector empresarial que en muchos casos las reformas no eran tan radicales como en ocasiones se llegó a pensar y que también ha plantado al sector laboral la conveniencia de ver en el Código un instrumento básica que no impide el alcance de conquistas mayores vía la negociación colectiva".

Para la promulgación del Código Laboral fue celebrado un acto en el Palacio Nacional, en el cual el presidente Balaguer dijo que esperaba que a partir de ese momento se iniciara una nueva era en las relaciones obrero-patronales en el país.

Sin embargo, tras la promulgación se produjo una polémica entre dos de los comisionados para elaborar el proyecto, Rafael Alburquerque y Lupo Hernández Rueda, que dejó un sabor amargo en el paladar de la opinión pública.

Rafael Alburquerque dijo a Lupo Hernández Rueda, entre muchas otras cosas, que "si es mentira lo que ha dicho respecto a su no conformidad con el texto del artículo 720 del proyecto, ¿cómo alguien puede creerle sobre sus demás afirmaciones, todas carentes de pruebas? En la boca del que mentir acostumbra, es la verdad sospechosa".

Y agregaba: "Pero el mentiroso al menos debería tener buena memoria para no quedar atrapado en sus fabulaciones".

Hernández Rueda ripostó de esta manera: "El secretario de Trabajo me escribe e insulta, y yo respondo al Dr. Rafael Alburquerque de Castro, secretario de Estado de Trabajo, Rafaelito, ¡cuánta podredumbre llevas por dentro! Tu carta te desnuda moral e intelectualmente. Los insultos que me dispensas son los mejores calificativos de tu persona. Siempre se ha dicho que cada quien juzga por su condición. Por eso no es extraño, por ejemplo, que un mentiroso tilde a los demás de mentirosos y que se pierda en su propia mentira, que quien tiene dos o más caras, entienda que los otros tienen idénticas dobleces".

Esta polémica motivó un editorial del Listín Diario en que señalaba que el texto de las cartas que se cruzaron Alburquerque y Hernández Rueda "es una espléndida antología de insultos y desmentidos entre colegas", y tras señalar que ambos se acusaban recíprocamente de mentirosos, "tratándose de personas de tanto prestigio y respeto en la comunidad, el público les va a creer a ambos".

Con la reforma financiera pasó peor. Aunque la fuerza de voluntad exhibida por el presidente Balaguer y el gobernador del Banco Central, Luis Toral, para impulsar la aprobación del proyecto de Código Monetario y Financiero parecía resistir todo tipo de prueba, el proceso desbordó varios períodos de gobierno. Esto a pesar de que la administración de Balaguer utilizó la estrategia de ir avanzando la reforma con resoluciones de la Junta Monetaria.

Las negociaciones comenzaron tras las resoluciones emitidas por la Junta Monetaria el 2 de abril de 1992, a través de las cuales se intentó iniciar la reestructuración de todo el sistema financiero, que sería completada con la aprobación de un proyecto de Código Monetario y Financiero, cuya elaboración había sido anunciada por el gobernador Toral.

La inflexibilidad de las partes en las negociaciones parecía llevar a un camino sin fin. Ante esa situación, el 20 de junio de 1992 recomendé:

"Para la aprobación del Código Monetario y Financiero debe haber consenso. Y esto podría ser posible.

-Si las autoridades monetarias escuchan las sugerencias de los diferentes segmentos del sector financiero, y acogen las que no desnaturalicen los objetivos de la reforma y permitan que ésta se ejecute al menor costo posible.

-Si los diferentes segmentos del sector financiero reconocen la facultad de las autoridades de decidir en última instancia cuáles sugerencias acoger en el caso de que el acuerdo no sea posible, siempre y cuando la decisión al respecto no responda al interés de afectar a determinados segmentos del sistema, sino al de lograr una reforma que dé como resultado un sistema financiero más transparente y eficiente.

-Si los diferentes segmentos del sistema contraen el compromiso de defender mutuamente, sin perjudicar el interés de otros en aras de defender el propio.

-Si las autoridades, por un lado, y el sector privado, por el otro, no asumen la actitud de imponer sus posiciones.

-Si se asume una actitud abierta, de ambas partes, cediendo en cuanto haya que ceder para llegar a un acuerdo, pero no más allá de lo aconsejable para lograr un código que se corresponda con el sistema financiero a que aspiramos.

-Si como decíamos en nuestro Balance de ayer, todas las partes se trazan como objetivo lograr un Código Monetario y Financiero equilibrado, que no exija más ni menos de lo requerido para que tengamos un sistema financiero transparente y eficiente".

Nuestra posición fue ponderada por uno de los banqueros que más he admirado, el ingeniero Luis Molina Achécar, quien me escribió una carta el 24 de junio de 1992 en la que me expresaba:

"Leí tu Balance del día 20 de junio de 1992, titulado "¿Cómo actuar banca y autoridades"? y pienso que bien podría titularse 'Código de Ética para el análisis y discusión de un Código'

Estas ideas coinciden plenamente con nuestro pensar. Estoy enviándoles copia de este artículo a mis colegas de la banca y a las autoridades, con el ferviente deseo de que nos sirva como una norma de comportamiento colectivo frente a la gran responsabilidad que tenemos en estos momentos para con nuestro país.

Te felicito y hago provecho de la ocasión para saludarte con aprecio".

Las negociaciones entre la banca y las autoridades se iniciaron con una reunión que el 13 de abril de 1992 sostuvo con los bancos comerciales el gobernador Toral, quien con la rudeza propia del carácter que se forja en la hostilidad del sur, entró a la reunión sin que en su rostro asomara una sonrisa y con una mirada que invitaba a los presentes a guardar distancia, y en un escenario no distendido les espetó a los banqueros que cuestionaban las resoluciones del 2 de abril bajo el argumento de que eran ilegales, que anteriormente se habían hecho reformas por la vía administrativa para salvar el sistema financiero, pero que ellos no habían gritado porque eran para su beneficio. Se fue a lo específico y les recordó que a las Asociaciones de Ahorros y Préstamos hubo que aumentarles su cartera en los bancos comerciales en un cincuenta por ciento para que no acabaran quebradas. "Y eso sí era ilegal, totalmente ilegal y nosotros la impusimos, pues la imponíamos o teníamos que cerrarlas".

Acostumbrados a ver postrados a sus pies a sus interlocutores, a algunos banqueros les sorprendió haber encontrado en Toral a un hueso difícil de roer. "En todo momento el gobernador usó un tono enérgico y lucía seguro de lo que decía a un auditorio que no se mostró tan desafiante como se esperaba, después de las protestas iniciales por las decisiones de la Junta Monetaria".

En esa reunión se llegaron a varios acuerdos, pero ni lo acordado en ella ni las resoluciones de la Junta Monetaria del 2 de abril condujeron a nada, pues la presión de los bancos impidió su aplicación.

Esto llevó a que en junio de 1992 los presidentes del Grupo Financiero Popular, Alejandro Grullón y del Grupo Financiero BHD, Antonio P. Haché, visitaran al presidente Joaquín Balaguer por separado, para exponer sus pareceres sobre la reforma financiera y cómo debía seguirse en su ejecución.

Tras estos encuentros, el proceso perdió la celeridad que le había dado Toral. El presidente Balaguer afirmó a finales de junio que la reforma financiera no debía precipitarse, sino llevarse a cabo con sumo cuidado, "con la delicadeza de la materia de que se trata", y advirtió que la última palabra en torno al proyecto que se discutía la daría él.

La segunda fase de las negociaciones se inició luego de que el proyecto de Código Monetario y Financiero fuera entregado por el gobernador Toral a los banqueros el 29 de mayo de ese año, con diez días de plazo para que hicieran sus sugerencias.

Era evidente que el plazo colocaba entre la espada y la pared a la banca, por lo que ésta solicitó una prórroga y la derogación de las resoluciones del 2 de abril. El gobernador accedió dando la prórroga, pero nada dijo de las resoluciones.

Con la entrega de las observaciones al gobernador el 16 de junio comenzaron agobiantes jornadas de trabajo con una comisión consultiva de la banca, pero el proceso fue enturbiado por enfrentamientos entre los banqueros. El presidente de la Asociación de Bancos Comerciales, George Manuel Hazoury, fue el blanco del sector que mayor resistencia presentaba a la reforma. El Banco Popular llegó a expresar públicamente que se había violado el contenido de una carta que el pleno de la asociación acordó enviarle al gobernador Toral el 15 de junio y que le había sido enviada el día siguiente.

La discordia, que giró en torno a la omisión de los grupos financieros entre las entidades que debían formar parte del Código, no se quedó en el discurso, bajó a niveles primitivos al producirse un altercado en que un banquero sintió una cachetada como si hubiera caída del cielo.

De estas desavenencias se hizo eco el gobernador Toral, quien el 16 de junio se quejaba de que "mientras las autoridades monetarias han buscado un consenso con las asociaciones bancarias, miembros de éstas han cuestionado el trabajo que se realiza", y advirtió que la reforma financiera no puede hacerse en función de la situación de una entidad, sino de lo que convenga al interés del país y de los ahorrantes en particular.

Días antes, el 29 de mayo, el presidente del Grupo Financiero Popular, Alejandro Grullón, había cuestionado varios aspectos de las resoluciones de la Junta Monetaria del 2 de abril y abogaba, en una charla ofrecida en el Almuerzo Mensual de la Cámara Americana de Comercio, porque se ampliara "el proceso de concertación, entregando el proyecto de Código Monetario y Financiero a todos y cada uno de los intermediarios del sector para que éstos puedan emitir sus opiniones, garantizando un sano ejercicio de la democracia y la libertad".

En agosto se produjo un reagrupamiento de sectores para lanzar una ofensiva en busca de obtener mayores concesiones de las autoridades en las discusiones sobre el proyecto de Código Monetario y Financiero. Así surgió el Grupo de los Seis (integrado por el Grupo Financiero Popular, el Consorcio Bancomercio, el Grupo Financiero BHD, el Banco Nacional de Crédito, el Banco Metropolitano y el Banco Intercontinental), el cual se reunió, al margen de la asociación de bancos comerciales, con el presidente Balaguer. Como parte de la ofensiva, tres exgobernadores del Banco Central (Bernardo Vega, Carlos Despradel y Diógenes Fernández, y los directivos del Listín Diario, Rafael Herrera, y de El Caribe, Germán E. Ornes, entregaron el 18 de agosto un documento a Balaguer con el que buscaban rediseñar el traje de la reforma.

La tercera fase de las negociaciones se inició tras la aceptación por parte del presidente Balaguer de una colaboración ofrecida por el Grupo de los Seis, para lo cual invitarían a técnicos extranjeros y financiarían un estudio, a través de la Universidad Católica Madre y Maestra, a cargo de los economistas Bernardo Vega y Carlos Despradel. Ante esa petición, Balaguer intervino para que fuera suspendida una reunión que sostendría el Banco Central con los banqueros el 19 y 20 de agosto para continuar las negociaciones.

Los técnicos extranjeros Mauro González (mexicano) y Salvador Valdez (chileno) visitaron el país a principios de septiembre para hacer sus recomendaciones. Para sorpresa de los banqueros, estos opinaron que la reforma planteada por el Banco Central estaba en la dirección correcta. Entonces, el Grupo de los Seis se atrincheró en el estudio hecho por Vega y Despradel y en otro que habían hecho la firma Ecocaribe y los expertos en derecho bancario Wellington Ramos Messina y Ana Rosa Bergés de Ferray.

El propósito de la banca era hacer, basado en el trabajo de ambos estudios, un proyecto de Código Monetario y Financiero alternativo al del Banco Central. Sin que pudieran lograr este propósito, se celebró una primera reunión de la tercera fase de las negociaciones el 9 de septiembre, con la mediación de Agripino Núñez Collado, en la cual no sólo se manifestaron las contradicciones entre los banqueros y las autoridades monetarias, sino también en el propio sector bancario.

A esta reunión las partes fueron con estrategias diferentes. Los banqueros buscaban ganar tiempo y que la reunión se limitara a una exposición que haría Bernardo Vega y otras de Wellington Ramos Messina y Ana Rosa Bergés de Ferray. Pero cuando ellos terminaron, Toral fue al grano. Preguntó: "¿Pero cuáles son las observaciones que se le hacen al proyecto?".

A partir de ahí las cosas tomaron un rumbo diferente al esperado por la banca, pues se pasó de la mera exposición a discutir en detalles el proyecto, y pronto, en un proceso en que el gobernador Toral demostró tener absoluto dominio sobre la materia, se había discutido el primero de los cuatro títulos del proyecto.

Los representantes de la banca se dieron cuenta de lo que estaba ocurriendo cuando Toral dijo: "Entonces, hemos aprobado el primer título". Los tres principales banqueros presentes en el encuentro firmaron un papelito que pasaron discretamente a monseñor Agripino Núñez Collado, quien lo rompió en varios pedacitos que echó en el bolsillo de su camisa. Ante el peso de las firmas, pocos minutos después Núñez Collado pospuso las discusiones, lo cual fue acogido por el gobernador Toral no sin antes haberse producido contradicciones entre propios banqueros, pues el presidente de la Asociación de Bancos Comerciales, George Manuel Hazoury, planteó que el aplazamiento de la reunión tenía que ser decidido por el pleno de esa entidad, pero el banquero Pedro A. Rodríguez argumentó que eso no era necesario, ya que en la reunión estaban presentes todos los bancos comerciales. En las negociaciones del proyecto de Código Monetario y Financiero Agripino Núñez Collado pareció más inclinado a la flexibilidad frente a los sectores que buscaban posponer indefinidamente el acuerdo para su aprobación, contrario a su comportamiento en relación con el Código de Trabajo, donde su firmeza ayudó a que el sector empresarial cediera y se alcanzara el consenso sin mayores dilaciones.

La segunda reunión de la tercera fase de las negociaciones en torno al proyecto de Código Monetario y Financiero, celebrada el 29 de septiembre, no condujo a nada, pues los banqueros, en su estrategia de seguir ganando tiempo y de hacérselo perder a las autoridades, dijeron que todavía no estaban preparados para comenzar a discutir la aprobación del proyecto.

En la siguiente reunión, efectuada el 7 de octubre, se avanzó bastante en la aprobación por consenso del proyecto, tras la banca entregar al Banco Central su proyecto alternativo y éste acoger muchas de sus sugerencias.

El presidente de la Asociación de la Asociación de Bancos Hipotecarios, Luis Molina Achécar, quien fue escogido por la banca como vocero en reconocimiento al gran trabajo que había hecho durante el proceso, resaltó la flexibilidad mostrada por el gobernador Toral ante los planteamientos del sector.

Luego se produjeron las reuniones del 24, 25 y 26 de noviembre, tres días de intenso trabajo que condujeron a un consenso, anunciado el 17 de noviembre de 1992 por monseñor Agripino Núñez Collado, pero se acercaba un acontecimiento que ejercería sobre la reforma una presión irresistible: las elecciones presidenciales de 1994, pues si bien es cierto que Balaguer había dado muestras de su compromiso con la reforma, nada pesaba más en él que su pasión por el poder.

Él sabía que seguir insistiendo en la reforma financiera le reducía posibilidades de apoyo en el sector bancario en su propósito de reelegirse y Mario Read Vitini, dirigente de su partido, se había declarado contrario a su reelección. De manera que decidió matar dos pájaros con un tiro con el decreto 217 de agosto de 1993, a través del cual sacó al gobernador Toral del Banco Central, quien estaba empujando la reforma financiera y designó en su lugar a Read Vittini para que el cargo lo silenciara. Sus objetivos se cumplieron, pues la reforma financiera quedó a partir de entonces en el limbo, y Read Vittini, a sólo días de haber tomado posesión, declaró que no volvería a referirse públicamente a la reelección.

Fue así como Balaguer, tras vencer la candidatura de José Francisco Peña Gómez, logró reelegirse en mayo de 1994, en un proceso electoral muy cuestionado que pagó muy caro económica y políticamente el país. El gobierno incurrió en un alto déficit fiscal para inclinar la balanza electoral en su favor y los vicios del proceso provocaron una crisis política que obligaron a un acuerdo para recortarle dos años al período constitucional.

En cuanto al Banco Central, el gobernador Toral había contaminado su exitosa gestión como promotor de las reformas con un abultamiento de la nómina, pero en la gestión de Read Vittini se infringió el peor daño institucional que se ha cometido contra esa institución, que quedó convertida en un mercado de empleos, donde el rigor técnico había estado ausente. Mientras eso ocurría en el ámbito monetario, el gobierno cayó en un desenfreno fiscal para lograr la reelección de Balaguer.

Pasadas las elecciones de mayo de 1994, Balaguer sacó a Read Vitini del Banco Central el 31 de agosto y designó a Héctor Valdez Albizu, un técnico formado en esa entidad, quien no sólo inició un proceso de reordenamiento de la entidad bancaria oficial, sino que también presionó para que volviera la racionalidad en el manejo de las finanzas públicas.

El 1 de septiembre escribí un artículo en el que afirmaba que Joaquín Balaguer había dado una buena señal con la designación de Valdez Albizu. El texto era el siguiente:

"El presidente Joaquín Balaguer hizo ayer un gran cambio, que demuestra que ciertamente ha asumido con seriedad el compromiso de mantener la estabilidad macroeconómica: la designación del licenciado Héctor Valdez Albizu al frente del Banco Central y su sustitución por otro técnico meritorio, el licenciado Eligio Bisonó, en el Banco de Reservas.

Cuando Valdez Albizu fue designado administrador del Banco de Reservas en enero de 1993, escribimos en esta columna:

'Si Héctor Valdez Albizu no es el que más sabe de asuntos monetarios y financieros en el país, está entre los dos o tres primeros.

Las manos de Valdez Albizu han participado en el diseño de las más importantes medidas de política monetaria y financiera de los últimos años. Probablemente sea el técnico en estas áreas más calificado que ha llegado a la administración del Banco de Reservas.

En el manejo de la política monetaria y financiera del país, el Banco de Reservas juega un importante papel, por lo que he de esperarse que la designación de Valdez Albizu como su administrador general, contribuya a mantener la disciplina económica'.

No nos equivocamos. Pocos administradores, y quizás estemos siendo tímidos, han hecho el trabajo realizado por Valdez Albizu al frente del Banco de Reservas.

Si él no se hubiera manejado con la disciplina que lo ha hecho al frente de esa institución, la estabilidad cambiaria estuviera hoy seriamente amenazada.

No debemos olvidar que el presidente Balaguer dijo en su discurso ante la Asamblea Nacional del 16 de agosto pasado que si algún déficit fiscal y emisión de dinero inorgánico se había producido, podía ser cubierto gracias a que el gobierno disponía de 1,000 millones de pesos en el Banco de Reservas. Esto no hubiera sido posible si el Banco de Reservas se hubiera manejado como se manejó en el pasado. Valdez Albizu logró convertir al Banco de Reservas de un perturbador en un soporte de la estabilidad macroeconómica.

Ahora que algunos temen que la estabilidad pudiera perderse, la designación de Valdez Albizu al frente del Banco Central no puede ser más oportuna.

Sabemos que la tarea que le espera en el Banco Central es dura, pero confiamos en que tendrá el coraje para corregir los entuertos que afectan a esa institución y que en esa trascendental misión contará con el apoyo de aquéllos a quienes nos duele este país

Creemos que no nos equivocamos si afirmamos que la designación de Valdez Albizu al frente del Banco Central trae certidumbre a la comunidad nacional e internacional sobre el futuro de nuestra economía".

El 13 de septiembre de 1994 agregamos:

"El nuevo gobernador del Banco Central, licenciado Héctor Valdez Albizu, se ha encontrado con un Banco Central que comenzó a hacer emisiones de dinero inorgánico que pudieron haber provocado que el país perdiera su estabilidad macroeconómica y ha comenzado a tomar las medidas monetarias y financieras para enfrentar la situación. Pero como es obvio, ninguna medida monetaria asegura la estabilidad macroeconómica si no hay una respuesta del sector público para la eliminación del déficit fiscal.".

Señalábamos que "por eso Valdez Albizu ha planteado la necesidad de que el sector público se haga eficiente para que pueda operar sin déficit y de que continúen las reformas estructurales".

Y agregábamos: "Al percatarse del desorden financiero y administrativo que encontró en el Banco Central, expuso la situación a la Junta Monetaria y logró que esta le autorizara a proceder de inmediato a tomar un conjunto de medidas que le eviten a la entidad bancaria oficial emitir dinero inorgánico para gastos administrativos, a todas luces excesivos, en que venía incurriendo el Banco.

Es decir, ante la necesidad de poner el orden en el manejo de las finanzas públicas, Valdez Albizu comenzó dando el ejemplo poniendo orden en su propia casa, que en este caso es el Banco Central.

Esto lo hace merecedor del apoyo de todos los sectores del país al frente del Banco Central, siempre y cuando no se aparte de esta línea de conducta".

El proceso de estabilización de la economía fue iniciado y a principios de 1995 Valdez Albizu retomó la reforma financiera. A pesar de que ya las autoridades habían hecho múltiples concesiones a la banca, continuaba la resistencia, pero se produjo un hecho, tras un proceso de negociaciones de una intensidad agobiante y de una extensión que invitaba a la desesperación, que me llevó a escribir el 18 de febrero de 1995 este mensaje:

"La Junta Monetaria autorizó al gobernador del Banco Central, licenciado Héctor Valdez Albizu, a entregar el proyecto de Código Monetario y Financiero al Poder Ejecutivo, y éste lo recibió ayer. De esta manera concluyen las negociaciones llevadas a cabo por el Banco Central durante un largo período de más de tres años en la búsqueda de un consenso.

Obviamente, el consenso no podía implicar que el Banco Central aceptase al pie de la letra todas las

118

sugerencias de los diferentes sectores de la banca. Al contrario, consenso significa conciliar el interés público con el interés de los dueños de los bancos.

Hay que reconocer que en el Banco Central y la Superintendencia de Bancos han mantenido una actitud de apertura al diálogo y muy flexible. Ha cedido en aspectos que yo pensaba que no iba a ceder, pero hasta un punto que no implique el abandono de la filosofía de la reforma financiera.

En lo que respecta específicamente a la capitalización de la banca, se cedió mucho. En principio se planteaba la eliminación en un corto período de las acciones preferidas y no se reconocían los bonos subordinados. Luego se establecieron plazos más largos, y ahora se permite que formen parte del capital en un 25 por ciento en calidad de acciones privilegiadas.

Igualmente, se aceptó incorporar como parte del capital un 25 por ciento en bonos subordinados. Aunque esto se permitió a condición de que al cabo de tres años esos bonos fueran convertidos en acciones comunes, el Banco Central dio otra muestra de flexibilidad al eliminar esa obligatoriedad.

Pero no se debe ceder más. Ir más lejos implicaría permitir a los bancos capitalizarse con los depósitos, lo cual entraría en contradicción con la filosofía de la reforma financiera.

Otros aspectos en que no se debe seguir cediendo son los relacionados con el formato para que los bancos publiquen los estados financieros y con la clasificación de la cartera de préstamos, para garantizar un manejo sano y transparente de las operaciones bancarias.

Obviamente, no están cerradas las posibilidades de que se le introduzcan nuevas modificaciones al proyecto a nivel del Poder Ejecutivo o en el Congreso Nacional.

Sin embargo, mi criterio es que debe tener mucho cuidado en hacer cambios a una pieza tan compleja y técnica como es el proyecto de ley de Código Monetario y Financiero, porque se podría desnaturalizar la reforma financiera.

Particularmente es preocupante lo que pueda ocurrir en el Congreso Nacional. Aunque algunos legisladores sostienen que ha pasado la época en que por el Congreso merodeaba 'el hombre del maletín', lo cual sería muy saludable que ocurriera, todavía no ha desaparecido el temor de que grupos recurran a todos los medios a su alcance para acomodar la ley a sus intereses particulares.

En el caso del proyecto de reforma financiera se impone un gran acuerdo entre los líderes políticos para que el proyecto aprobado responda al objetivo de que el país cuente con un sistema financiero sano, transparente y eficiente.

Y quien se resista a participar en ese acuerdo y con su actitud contribuya a frustrar los cambios que se imponen en el sistema financiero, que asuma ante la historia la responsabilidad de no haber servido al interés general por colocarse al servicio de grupos particulares".

Pero las elecciones de mayo de 1996 llegaron sin que lograran mayores avances. Con el apoyo de Balaguer, en esas elecciones resultó victoriosa la candidatura de Leonel Fernández, quien heredaba largo período de crecimiento económico, fruto de las reformas aplicadas a partir de 1990, empañado por un déficit fiscal generado por el proceso electoral. De manera que la pelota quedaba a partir de entonces en la cancha del primer gobierno del Partido de la Liberación Dominicana.

La esperanza postrada ante un gobernante

Más que por haberle tocado dirigir la nación sin haber mandado ni administrado nada nunca, fue por las grandes expectativas que generó en la población por lo que me atreví a sugerirle al presidente electo Leonel Fernández, ante la información que había recibido sobre algunas de las personas que barajaba para estructurar su gabinete, que evitara designaciones que pudieran generar conflictos de intereses.

Aún más, el mismo día 16 de agosto de 1996 en que Fernández tomaba posesión del cargo, escribí:

"El nuevo gobierno que se instala hoy, encabezado por el doctor Leonel Fernández, se enfrenta al reto de continuar y profundizar las transformaciones de la economía o permitir un retroceso, situación esta última que hablaría muy mal de la nueva generación de políticos que asume el poder".

Y agregaba: "...Para que se tenga éxito en la ejecución de los cambios que demanda la economía de hoy, se requiere de una visión clara de los nuevos gobernantes de hacia dónde debe ir el país, de una firme voluntad para llevar cabo las medidas correspondientes y de un equipo de gobierno integrado por funcionarios no comprometidos con intereses particulares.

Sería inaceptable que esta nueva generación de políticos pierda la oportunidad de continuar un camino que debieron iniciar gobiernos dirigidos por representantes de las nuevas generaciones, pero que al éstas fallar, correspondió a Joaquín Balaguer, cuando ya todos los dábamos por un político acabado, trazar la ruta con la implantación, en su primera fase, de las reforma tributaria y arancelaria".

Era el grito de alguien que había visto la esperanza postrada ante un gobernante, implorándole que, luego de tantos años de promesas incumplidas, no le fallara. Pero la fuerza con que contaba se limitaba a elevar mi voz y cayó en el vacío, pues resultó que la designación que sugerí evitar se produjo y la persona agraciada se convirtió en una de las mayores piedras de escándalo a lo largo de toda la gestión de quien en ese momento se estrenaba en el ejercicio del poder.

No era la primera preocupación que me llevaba a prever posibles torceduras derivadas de presiones que no estuviera en capacidad de resistir un gobierno cuyas raíces eran aún débiles. El 22 de junio escribí:

"Aquí con frecuencia se habla de la necesidad de la privatización.

Ciertamente hay que privatizar las empresas públicas. El Estado no tiene por qué participar en la producción de bienes y de algunos servicios.

Pero también hay que hablar de la necesidad de estatizar las áreas que competen al Estado manejar y que muchas veces caen en manos privadas, tema acerca del cual muchos prefieren callar.

Resulta que si es causa de distorsión que el Estado compita con el sector privado en áreas que deben ser manejadas por éste, mucho más lo es que a grupos privados se les permita jugar un papel decisivo en materia de conducción de la política económica.

Esto es bueno que se tenga muy claro porque si es cierto que es conveniente que se busque el consenso para tomar decisiones económicas, no menos cierto es que la última decisión en esta materia corresponde al Estado, no a grupos privados.

Cuando estos grupos juegan un papel decisivo en la conducción de la política económica, no sólo se sirven con la cuchara grande, sino que se convierten en competidores desleales en perjuicio del resto del sector privado, al abrogarse privilegios de los cuales los demás actores del mercado no se benefician.

Se debe impulsar la estatización de la conducción de la política económica porque es al Estado al que corresponde ejercer el rol de árbitro para que los agentes privados participen en igualdad de condiciones y oportunidades en los mercados, sin privilegios irritantes, causantes de distorsiones que se constituyen en un freno para el desarrollo económico.

Creo que los viejos políticos dominicanos conocen de esta situación, pues no pocas veces determinados grupos han llevado a los gobiernos, con la complacencia de funcionarios públicos, a adoptar medidas económicas que desdicen mucho del rol que debe jugar el Estado. Quizás por esto fue que Juan Bosch le dijo en la campaña electoral de 1990 a un grupo de empresarios que se ofrecieron para colaborar con un posible gobierno suyo, que se dedicaran a la producción, que las decisiones de política económica la tomaría su gobierno.

Esto también deben tomarlo en cuenta quienes aspiran a hacer su debut en el gobierno, pues deben estar prestos para oír a todos los sectores del país, sin que insinuaciones o peticiones hechas en desayunos, almuerzos o cenas, o presiones derivadas del financiamiento de campañas electorales, les hagan ceder en su deber de gobernar para todos, no para algunos grupos".

Como mi sugerencia, dirigida a evitar que se produjeran designaciones que generaban conflictos de intereses en el gobierno, no fue escuchada, me sorprendió que teniendo al funcionario aludido tan cerca y conociendo los intereses a los que servía, el presidente Fernández iniciara su gestión con una propuesta de reforma tributaria que chocaba con los grupos a los que aquel servía y que de haber sido aprobada, aunque caía en algunas exageraciones que pudieron haber sido corregidas, hubiera podido dar un impulso hacia una sociedad más equitativa.

Esa reforma fue presentada en el mejor momento para un gobierno hacer grandes transformaciones, en su primer año, pero no pudo resistir el rechazo de la oposición en el Congreso y de una parte del sector empresarial, con el agravante de que entre los primeros actos de sabotaje para que zozobrara estuvieron las acciones del cercano funcionario, para quien pesaban más los intereses a los que él servía que el éxito de la gestión del Presidente y el destino de la nación. Y era que no se podía pedir peras al olmo, pues en todas sus acciones desde la instancia del Estado desde la que sirvió a sus intereses, demostró que para él sólo contaba el caudal que fluía a sus bolsillos, al punto de que esta mezquindad de miras le llevó a entrar en conflicto con importantes actores de su clase y hasta descuidar su honor.

Esta propuesta de reforma, que implicaba profundos cambios en el régimen tributario y arancelario, fue presentada por Fernández en diciembre de 1996 como parte del primer presupuesto de su gobierno para 1997.

Sin embargo, ante la resistencia, que no era sólo de la oposición, sino que provenía también de áreas de su propio gobierno, la reforma no pasó de ser un proyecto más, lo que obligó a su administración a operar con el presupuesto del año anterior.

Previo a sus concesiones a grupos que se oponían a la reforma para alcanzar un consenso con el Consejo Nacional de la Empresa Privada, el presidente Fernández presentó el 24 de abril de 1997 un segundo proyecto de reforma, más complaciente; pero corrió igual suerte.

Llamó la atención que, a pesar del consenso, diferentes grupos del sector empresarial se enfrascaron en una lucha sin cuartel por quedarse con la mejor tela para hacerse un traje a su medida, aunque fuera al precio de dejar desnudo a sus competidores.

El último proyecto de reforma tributaria en su primera gestión de gobierno, Fernández lo presentó el 18 de noviembre de 1998. Este proyecto buscaba preparar al país para la entrada del DR-Cafta, pero tampoco fue aprobado porque no pudo neutralizar, mucho menos vencer, la oposición de un Congreso hostil y de sectores empresariales con corta visión. Hubo quienes apoyaban que la aprobación sólo se limitara a la reducción de los aranceles, lo cual evidentemente constituía un acto de irresponsabilidad, pues hacía vulnerable las finanzas públicas al no asegurar la compensación de la pérdida de ingresos que generaría el desmonte arancelario. Tampoco pudo esta primera administración de Fernández lograr la firma del DR-Cafta, aunque hubo quienes aprovecharon las negociaciones para hacer negocios particulares.

Por el lado del gasto público, la gestión del primer gobierno de Fernández fue igualmente desafortunada. Las prioridades no estaban bien definidas. Cada quien por su lado comprometía ingresos. Se percibía falta de control y de seguimiento de la ejecución presupuestaria.

No obstante, esta administración fue ayudada por la caída de los precios internacionales del petróleo, pero esa coyuntura no sirvió para que el gobierno adoptara medidas previsoras que ayudaran a enfrentar futuros choques externos, como aconsejaban las buenas prácticas en materia de administración.

El 17 de abril aproveché una visita al país de Raúl Aníbal Féliz, economista dominicano residente en México, para invitarle al Encuentro Económico del periódico Hoy, quien propuso crear un fondo con la ganancia que estaba teniendo el país con la caída de la factura petrolera, ya que, a su juicio, los precios de entonces eran insostenibles y el país no debía gastar todo el ahorro que estaba obteniendo en aquel momento. Desde 1996 el precio del petróleo Brent se había mantenido por debajo de los 20 dólares, salvo algunos momentos en que subió por encima de ese nivel, a finales de 1998 llegó a venderse a 10.12 dólares. Pero la sugerencia de Raúl Aníbal Féliz cayó en el vacío.

También abordé este tema el 26 de enero de 1998 en un encuentro con el gobernador del Banco Central, Héctor Valdez Alizu, quien fue más lejos: propuso la creación de tres fondos con los excedentes del diferencial del petróleo: uno de estabilización petrolera, un segundo de estabilización económica y, el tercero, de desarrollo turístico en los polos de Barahona, Samaná y Montecristi. Pero su sugerencia tampoco tuvo acogida.

No esperé que los resultados en relación con la reforma financiera fueran diferentes en la gestión de Fernández, a pesar de la nueva administración haber confirmado en el cargo al gobernador del Banco Central a Héctor Valdez Albizu, quien la había retomado desde principios de 1995. Después que los sectores que rechazaban el proyecto de Código

Monetario y Financiero vencieran la firmeza con que un estadista de la reciedumbre de Joaquín Balaguer, demostrada con la aprobación de las reformas arancelaria, tributaria y laboral en los primeros años de la década de los 90, tuve mis dudas de que el gobierno del presidente Fernández, al que percibía más débil por la fragilidad de sus raíces en el ejercicio gubernamental y por la fuerza que tenía la oposición en el Congreso, pudiera lograr su aprobación. Mis dudas se reforzaban al ver menguado el empuje que había dado monseñor Agripino Núñez Collado, como árbitro, a las demás reformas, al punto de que en ocasiones más que interesado en que concluyera la larga espera de que el proyecto de reforma financiera fuera aprobado, se le percibía inclinado a mantenerlo fuera de la agenda del gobierno.

En medio de esta indefinición se avizoraba un problema que estallaría más tarde. Los resultados de una evaluación encargada a Aristóbulo de Juan, el español con más reputación en el tratamiento de crisis financiera, y a Julio Arranz debió haber sido asumido como una alerta del problema que se estaba incubando en el sistema bancario. Según las evaluaciones de los expertos, cuyo informe fue ofrecido en 1999, algunos bancos identificados por números, no por sus nombres, presentaban una inequívoca similitud con dos de los bancos que años después entraron en crisis. En todos los casos revisados por ellos se identificaron cambios significativos en la clasificación de cartera. Las revisiones efectuadas no incluían las "off shore" ni los componentes domésticos de los grupos financieros.

Los expertos hicieron correcciones por la cartera vinculada, propusieron las provisiones por riesgo de crédito necesarias y la reversión de los intereses devengados por los créditos mal clasificados.

Las correcciones propuestas por Aristóbulo de Juan y Julio Arranz llevaban a tres bancos evaluados a una situación de patrimonio negativo, pues perdían en más de una vez su patrimonio declarado. Además, en uno de los casos se detectó un riesgo por varios millones de dólares no registrados en la contabilidad.

La propia Superintendencia de Bancos hizo una inspección en 1999 que arrojó resultados preocupantes para uno de los bancos que luego entraron en crisis. Tras la investigación, una alta ejecutiva de ese organismo regulador fue sometida a un asedio a través de amenazas de muerte.

No se trataba de un caso aislado. Durante mucho tiempo al personal del organismo supervisor que se resistía a ser capturado por grupos de poder económico se le hacía difícil cumplir con su rol ante influencias que torpedeaban las acciones preventivas de las malas prácticas bancarias. Hubo casos de funcionarios que cuando cuestionaron operaciones poco transparentes, terminaron fuera del puesto y sus informes tomaron como destino el zafacón.

Mientras esto ocurría la larga discusión sobre la reforma financiera seguía manteniéndose en el limbo.

Donde sí esperé un cambio fue en el sector eléctrico, no porque el líder partido que estrenaba el poder, Juan Bosch, había pedido que le entregaran la CDEEE para resolver el problema de la deficiencia en el servicio energético ni porque el primer peledeísta colocado en la jefatura de la empresa eléctrica estatal había prometido superar la crisis en tres meses, sino porque pensé que los escándalos que se habían producido en la administración de Balaguer con contratos lesivos al interés del Estado eran irrepetibles.

No creía posible que la administración de Fernández avalara un contrato como el firmado el 1 de junio de 1990 con Hidro-Québec Sofati para la rehabilitación, ampliación y operación de la red de distribución eléctrica de Santo Domingo, que llegó a ser criticado incluso por el Banco Mundial.

La empresa canadiense no ejecutó el proyecto, pero el país terminó pagando unos US$24 millones, US$4 millones girados contra una cuenta especial que manejaba el Presidente Balaguer con fondos de los impuestos pagados por Falconbridge y US$20 millones con la ejecución de un depósito que sustentaba la carta de crédito que el Gobierno, a través del Banco de Reservas, abrió en el Barclays Bank de New York, y que la empresa cobraría si la CDEEE "incumplía sus obligaciones de pago en términos del contrato comercial".

Tampoco creía posible que se volviera a firmar un contrato como el rubricado el 26 de julio de 1993 con Smith & Enron, que tuvo suficientes méritos para alcanzar la excelencia como despojo con características coloniales, a pesar de que hubo periodistas que lo presentaron como la salvación de la nación.

En virtud de ese contrato el precio por capacidad, que es lo que el inversionista exige para amortizar la inversión más un retorno, cobrado por Smith-Enron fue durante el período 2004-2011 prácticamente el triple del precio por capacidad que cobraban las empresas que participaban en el mercado spot y las que operaban bajo contratos de Acuerdo de Compra de Energía.

Las pérdidas generadas por ese contrato a la CDEEE ascendieron a US$264 millones solo en el período 2009-20012. En el caso del 2012, por ejemplo, la CDEEE pagó el kilovatio hora a Smith & Enron a US$0.233 y lo vendió a las distribuidoras de electricidad a US$0.150.

Pero me equivoqué al pensar que no se repetiría la firma de un contrato de esas características. Igual o peor ocurrió con el contrato que la administración de Fernández firmó con Cogentrix el 16 de septiembre del 1998, por un período de 20 años a partir del año en que las plantas comenzaran a operar, lo que ocurrió en el 2002. Este contrato contó con un apoyo velado de legisladores de la oposición.

Aunque el precio por capacidad era más bajo que el de Smith-Enron, fue estructurado de tal manera que los pagos fueran mayores los primeros años, para permitir a los inversionistas recuperar más rápidamente la inversión, y más bajo a partir del 2016.

A CDEEE este contrato le genera pérdidas mayores, no solo porque Cogentrix (de 296.4 megavatios) es más grande que Smith-Enron (de 184 megavatios), sino también porque opera únicamente con gasoil bajo en azufre, mucho más caro que la mezcla que utiliza Smith-Enron. Durante el período 2009-2012, Cogentrix generó pérdidas a la CDEEE por US$322 millones.

Ha habido años en que la CDEEE pagó a esa empresa un precio US$0.325 por un kilovatio hora a US$0.150, lo que le ha ocasionado una pérdida de US$0.175 por kilovatio hora.

En los hechos, se había iniciado una privatización salvaje del sector eléctrico a través de contratos que lesionaban el interés del Estado y otorgaban ventajas groseras a empresas generadoras que se aprovechaban de la precaria oferta energética de que disponía el país por la falta de previsión de los gobiernos.

Sin embargo, quedaba una oportunidad para que el primer gobierno de Fernández cambiara la suerte del sector eléctrico con una privatización basada en reglas decentes. Pero en la capitalización de las empresas públicas, la administración de Fernández hizo más énfasis en que el Estado se despojara de sus activos que en asegurar una fuente regulación para evitar que en las actividades reformadas se cometieran abusos en perjuicio del interés del Estado y de los consumidores. A pesar de los reclamos de quienes advertían los peligros de que el sector eléctrico fuera privatizado sin la previa aprobación de una ley, la privatización se hizo sin que el país contara con un fuerte marco regulatorio.

Siempre me opuse a que el Estado cediera su papel de regulador y rechacé los intentos del Consejo Nacional de la Empresa Privada de participar tanto en una comisión formada a raíz del sometimiento al Congreso del proyecto de Ley General de Electricidad para que trazara la política para el sector y regulara su supervisión como en la Superintendencia que regularía que el sistema funcionara al mínimo costo y estableciera las tarifas del servicio.

Por eso apoyé la posición asumida por Héctor Guiliani Cury y Andrés Dauhajre de oponerse, en un seminario celebrado en la Universidad Católica Madre y Maestra, a una sugerencia de monseñor Agripino Núñez Collado para que una representación del Consejo Nacional de la Empresa Privada participara en una comisión que buscaría un consenso sobre el proyecto de Ley General de Electricidad.

En torno a este tema había escrito el 15 de noviembre de 1995: "Creo que tuvieron razón Héctor Guiliani Cury y el empresario Andrés Dauhajre -y así debería entenderlo monseñor Agripino Núñez Collado, en plantear la conveniencia de que ni el sector empresarial ni ningún otro cuya presencia pudiera prestarse para que se produzcan conflictos de intereses, debía participar en esa comisión".

Y expliqué: "Se dirá que es muy difícil evitar los conflictos de intereses, y que incluso estos podrían expresarse a través de presiones que se ejerzan por vía de los representantes de las diferentes fuerzas políticas. Pero creo que es preferible correr este riesgo a permitir la participación directa de sectores con intereses creados. Deben ser las fuerzas políticas, responsables de velar por el interés colectivo, las que tengan que responder ante el país si el trabajo de esa comisión no resultare en lo que más convenga al país, que es la aprobación de un proyecto de ley que promueva la competencia y la eficiencia en el sector eléctrico".

Pero los esfuerzos que se hicieron para que el Estado cumpliera su rol regulador en el primer gobierno de Fernández fueron si no nulos, imperceptibles. Al punto de que hubo reguladores que cuando fueron relevados del cargo se pusieron al servicio de los regulados sin ruborizarse y sin que pasara un tiempo que les permitiera disimular su doble papel.

A esto contribuyeron las señales ambiguas que se daban desde el gobierno. El encargado de la Comisión de Reforma de la Empresa Pública, Antonio Isa Conde, nunca comprendió la necesidad de evitar que la privatización se llevara a efecto sin que estuviera acompañada de una ley, que resguardara el interés del Estado y de los consumidores y usuarios de los bienes y servicios de las empresas públicas capitalizadas. Peor comportamiento tuvo el primer secretario técnico del gobierno, Eduardo Selman, quien llegó a decir en momentos en que algunos empresarios habían captado a legisladores para iniciar una cruzada en pro de obtener que en el proyecto de Ley General de Electricidad se les otorgaran privilegios, que apoyaba la aprobación como sea, con o sin privilegios. "El país podría perder lo mejor si sigue pretendiendo lo óptimo", dijo Selman. Luego el gobierno rectificó esta actitud, y asumió una posición firme de rechazo a esos privilegios.

Asimismo, Celso Marranzini, del Consejo de Directores de la CDEEE, llegó a expresar que favorecía la privatización aún al precio de que el país recibiera sólo un peso como precio simbólico por los activos de las empresas estatales, pues su posición era la de que aun así la nación resultaría ganadora. No obstante, a Marranzini hay que reconocerle que posteriormente se opuso a que en el proyecto de Ley General de Electricidad se concedieran privilegios.

Todo el proceso de capitalización estuvo contaminado por decisiones precipitadas y poco transparentes. Varias voces se levantaron para cuestionar esas desviaciones, entre las que resaltaron las de Radhamés García, Luis Moquete y Leonel Castellanos, de la Asociación de Suplidores de Materiales Eléctricos, la de los economistas Hugo Guiliani Cury y Héctor Guiliani Cury y la del ingeniero Pedro Delgado Malagón.

Aunque expresaba que había abogado por el proceso de privatización, Hugo Guiliani Cury advirtió que "para hacerlo viable y exitoso se necesitaba tener equidad y actuar con una absoluta transparencia en cada una de sus etapas".

Además, consideró que el proceso tenía que ser acompañado de un marco regulatorio que garantizara la inversión externa, pero que a la vez protegiera a la población.

Por su lado, Delgado Malagón advirtió que los consumidores serán los más perjudicados por la forma como la Comisión de la Reforma de la Empresa Pública condujo el proceso porque iba a resultar difícil para el Estado controlar el monopolio privado que se había creado para sustituir el monopolio estatal que manejaba la CDEEE.

Es pertinente contar lo que ocurrió con el proyecto de Ley General de Electricidad. En 1995 escribí que aunque algunos culpaban al gobierno de su no aprobación, éste había sometido un proyecto de ley que creaba un adecuado marco regulador, y criticaba que algunos sectores privados, "en vez de impulsar el proyecto, han estado maniobrando y presionando para que se le introduzcan modificaciones que establecerían privilegios inaceptables, como es el de que se otorguen exoneraciones de impuestos a determinadas empresas privadas que operen en el sector, lo cual iría en perjuicio de otras empresas privadas que serían sometidas a una competencia desleal, ya que éstas pagarían impuestos que aquéllas les serían exonerados".

Como los pescadores de renta propalaron falsedades para justificar sus pretensiones, el 31 de enero de 1996 me sentí en el deber de escribir:

"En torno al debate que se ha producido en relación con el proyecto de Ley General de Electricidad, se han escrito dos falsedades, por confusión en algunos casos, y en otros por manipulación.

Estas dos falsedades son: 1) Afirmar que quienes se oponen a las exoneraciones están en contra de que se resuelva el problema energético, y 2) sostener que con esta posición se está proponiendo un aumento de los impuestos, lo cual aumentaría el precio de la energía eléctrica.

En cuanto a lo primero, es todo lo contrario. El esquema monopólico que se ha mantenido en el país por muchos años, que ha funcionado en base a exoneraciones de impuestos, no ha servido para superar el problema eléctrico, sino para agravarlo.

En cambio, la aprobación de una ley que abra el mercado energético a nuevos inversionistas en un marco de igualdad de condiciones, crearía un ambiente de competencia y eficiencia en el sector energético que contribuiría a solucionar este importante problema.

Con relación a lo segundo, no es cierto que con la oposición a que en el proyecto de ley se contemplen exoneraciones de impuestos a las importaciones, se está proponiendo un aumento de la carga impositiva. Es todo lo contrario, ojalá que los aranceles sean bajados, pero para todos. Lo inaceptable es que se dé exoneraciones a un sector para que importe materiales y equipos eléctricos, y que al resto de la economía se le obligue a pagar altos aranceles por esos bienes.

Además, en el país hay vigente una ley arancelaria, aprobada en 1992, que elimina, a partir de septiembre de 1993, esas exoneraciones, tanto para las empresas que tienen contratos con el Estado, como para las que no lo tienen. Entonces, de lo que se trata es de hacer cumplir esa ley, y acabar con el privilegio de quienes, en violación de ella, no pagan los impuestos correspondientes, mientras que el resto de la economía sí cumple con el fisco.

Creo que a nadie le luce defender que se sigan otorgando exoneraciones violatorias de la ley arancelaria, mucho menos si quien comete el desatino de asumir esta defensa se proclama partidario de la institucionalidad del país.

Eso es si vemos el asunto desde el punto de vista legal. Ahora bien, desde el punto de vista de la realidad, si las empresas eléctricas cumplieran con su obligación de pagar los impuestos correspondientes por sus importaciones, se ha demostrado que los pagos no tendrían un impacto significativo en sus costos de producción, que según un estudio preparado por la Asociación de Suplidores de Materiales Eléctricos aumentarían sólo en menos de 1 por ciento.

Esto es sin medir el impacto que tendría la aprobación de la Ley General de Electricidad como resultado de los mayores niveles de competencia y eficiencia que se derivarían de su ejecución, al pasar de un mercado monopólico e ineficiente a uno mucho más competitivo.

El resultado del cambio de modelo será una reducción en los costos del sector y en la tarifa eléctrica superior al aumento que resultaría del pago de los impuestos.

O sea, con la ejecución de la ley eléctrica tendremos energía eléctrica más abundante y barata que la que se ofrece hoy, aun cuando se paguen todos los impuestos.

Creo que una persona inteligente no tiene que hacer grandes esfuerzos para llegar a esta conclusión".

A pesar de oposición de diferentes sectores, incluido el gobierno, a que fuera aprobada una ley que concediera esos privilegios, los intereses de los pescadores de renta se impusieron en el Congreso, de lo cual dejé constancia en este texto que escribí el 10 de febrero de 1997:

"Algunos senadores pudieron haber sido sorprendidos en su buena fe al aprobar el proyecto de Ley General de Electricidad con los privilegios fiscales, pero una parte de ellos estaba consciente de lo que hacía y del daño que tan desafortunada decisión causaría a la imagen de ese cuerpo legislativo.

Esto explica que se hayan puesto todos los obstáculos posibles para evitar que se conociera lo realmente aprobado por el Senado, salvo vagas o inexactas explicaciones dadas por algunos senadores.

Periodistas de este diario (Hoy) hicieron ingentes esfuerzos para tener acceso de manera oficial a una copia del documento aprobado, pero los esfuerzos fueron infructuosos.

Aunque los últimos artículos pendientes de aprobación habían sido sancionados el pasado martes, ésta es la fecha en que en el Senado no se ha permitido oficialmente el acceso al proyecto aprobado.

Periodistas de este diario pensaron que finalmente el pasado viernes terminaría la odisea de quienes se vieron impedidos de tener acceso al proyecto aprobado en cumplimiento de su misión. Ese día se prometió a uno de los periodistas de Hoy, que llegó a ver pero no pudo tocar el documento aprobado, que se presentara a la secretaría del Senado a recogerlo.

Inmediatamente se impartieron instrucciones a uno de los periodistas para que se presentara al Senado a cumplir esa tarea.

Pero alguien en el Senado no quería que se corriera el riesgo de que se conociera públicamente el documento antes de que fuera aprobado por la Cámara de Diputados y procedió las órdenes para que se impidiera que cayera en manos de la prensa.

Pero esto no sólo ha pasado con los periodistas. Este es el momento en que las autoridades del sector energético tampoco saben con exactitud qué fue lo que aprobó el Senado.

Pero quienes así actuaban no se daban cuenta de que 'lo que tú quieres que no se sepa no lo hagas'.

Ese mismo viernes este diario tuvo acceso al proyecto de ley aprobado por el Senado gracias al interés de alguien de que fuera de conocimiento público la barbaridad que se pretende cometer.

En sus artículos 128 y 130 el proyecto de ley otorga privilegios fiscales derogados por los vigentes códigos tributario y arancelario.

Si Dios no mete su mano al impidir que la Cámara de Diputados acoja lo aprobado por el Senado, el país tendría que resignarse a seguir pagando un servicio caro e ineficiente y muchas empresas deberán conformarse con sucumbir ante la competencia desleal que les harían los grupos favorecidos con los privilegios fiscales".

Pero de nada valió esta advertencia. La Cámara de Diputados convirtió en ley el proyecto y tuvo el presidente Leonel Fernández que devolverlo para evitar que se consumaran las pretensiones de los grupos rentistas.

En ausencia de la Ley General de Electricidad, la privatización del sector eléctrico fue mal conducida e hizo que el déficit fiscal que se buscaba eliminar creciera con ella, y que, en vez de mermar, se incrementaran los abusos en perjuicio de los usuarios del servicio eléctrico.

Era lo que se había advertido que ocurriría al Estado no asegurarse de que en el proceso de privatización quedara bien resguardado el interés público, tanto en lo que tenía que ver con el valor de los activos de las empresas privatizadas como con el marco regulatorio. Pero en vez de contribuir a hacer más eficiente al Estado y eliminar cargas a la economía, solo sirvió de oportunidad para que algunos hicieran un negocio redondo con los bienes públicos, como posteriormente se hizo evidente con los contratos de concesión de empresas públicas, de aeropuertos y otros bienes del Estado.

Otra reforma que el gobierno de Leonel pudo haber logrado fue la de la seguridad social. Incluso, pudo aprovechar la oportunidad que le brindaba un consenso entre diferentes fuerzas en el Congreso, en el que incidió el trabajo hecho por el presidente de la Comisión de la Seguridad Social del Senado, Iván Rondón. Pero la posición del secretario de Trabajo de entonces, Rafael Alburquerque, no le ayudó. Este funcionario mantenía una cerrada oposición a que la reforma se basara en la capitalización individual. El 23 de marzo de 1997 dijo: "Cuando yo pago el seguro social que es del Estado, esa cuota es un tributo, pero cuando me descuentan de mi salario para ahorrar en un banco, es un ahorro individual, lo que atenta contra mi libertad individual. A mí nadie me puede obligar a ahorrar de manera individual y el día que lo hagan yo seré el primero en plantear un recurso de inconstitucionalidad ante la Suprema Corte de Justicia".

Ante esa oposición, los empresarios amenazaron con devolver a los trabajadores los recursos de los fondos de pensión creados por el sector privado si los obligaban a depositar esos recursos en "una fosa común". Incluso, la Asociación Nacional de Jóvenes Empresarios (ANJE) llegó a pedir al presidente Fernández que quitara las piedras que impedían el avance de la reforma de la seguridad social, en una evidente alusión al secretario de Trabajo.

Sin embargo, a la primera administración de Fernández hay que reconocerle que limpió algunas áreas de servicio de la administración pública del "macuteo" y fue eficiente en la recaudación de impuestos.

En cuanto a la corrupción, sus funcionarios, salvo excepciones, no comieron hasta saciarse; apenas probaron su zumo embriagador. Sin embargo, este flagelo no fue atacado en su raíz, como el Presidente había prometido en la campaña electoral, cuando denunció que se llevaba 30,000 millones de pesos al año de la bolsa del Estado. Fernández hizo con la permisividad más daño que con sus ejecutorias. Los casos de corrupción que se produjeron fueron presentados como minucias, pero hicieron un gran daño por su influencia en el comportamiento de quienes estaban llamados a ser servidores públicos, como se hizo evidente años después. La administración de Fernández también fue empañada por la soberbia y el egoísmo de algunos funcionarios, quien con su conducta se granjearon el sobrenombre de "comesolos".

Todo esto tuvo un peso en los resultados electorales, desfavorables al partido de gobierno. En un "Decálogo de cómo perder las elecciones desde el poder", Ramón Núñez Ramírez escribió el 26 de mayo del 2000 que una de las razones fue "incrementar el gasto corriente a expensas de los gastos de inversión y concentrarlo en las prioridades del grupo gobernante, por ejemplo, mega-proyectos ejecutados por dos o tres mega-ingenieros mientras millones de obras se paralizaban en todo el interior y se llevaba a la quiebra a centenares de contratistas".

El presidente Fernández terminó su primera administración en medio de fuertes tensiones fiscales y sin que su gobierno ejecutara las grandes transformaciones que prometió al tomar posesión del cargo. La riqueza de su teoría había sido opacada por la pobreza de sus ejecutorias. Él se había entregado en cuerpo y alma a gobernar con la palabra, y desde una tribuna cambiaba el país con la magia de su discurso.

Del imperio de la palabra al predominio de los impulsos

El discurso que fluía de manera abundante quedó reducido a lo insustancial y dejó el espacio libre a un temperamento que se movía al compás de los impulsos. Pocos creían ya en la palabra, los más prefirieron dejarse arrastrar por las emociones.

Lo que conectaba con la gente ya no era la prédica elaborada con frialdad y leída con tal maestría que disimulaba el uso del telepromter. El cambio quedó evidenciado el mismo día de la toma de posesión del nuevo Presidente, con el extravío de una hoja del texto que él leía.

Las señales eran contradictorias. Parecía que volveríamos a una economía cerrada, pero con el transcurrir de los días se iban tomando acciones que nos empujaban hacia un mercado más abierto, aunque en el debate hubo un repliegue del ímpetu liberal. Algunas de las voces que siempre expresaban su rechazo a las prohibiciones de importaciones, parecieron resignarse ante el cierre del mercado interno a los productos agrícolas, que vino aparejado de una apertura perversa, a través del contrabando o las subvaluaciones de algunos productos, tanto en el renglón de alimentos como en el de electrónicos. Esto creó gran malestar entre comerciantes que cumplían sus obligaciones fiscales y que quedaban colocados en una situación desventajosa para competir, mientras el bolsillo de algunos generales y de determinados funcionarios públicos escalaba al estado de preñez.

Hipólito Mejía impulsó el DR-Cafta, convirtiendo su aprobación en un logro de su gobierno, suprimió la comisión cambiaria del 10 por ciento a las importaciones no prioritarias y eliminó la factura consular, un viejo reclamo de sectores empresariales que hice propia. Los políticos se resistían a eliminarla porque tenían en ella la ración de la boa.

La decisión de Mejía de no seguir dilatando la aprobación del DR-Cafta fue firme, hasta permitir la exclusión en las negociaciones del embajador dominicano en Washington, Hugo Guiliani Cury, quien tras haber liderado el inicio del diálogo bilateral, posteriormente se opuso a que el tratado fuera firmado en el 2004 y sugirió que la firma se hiciera después de las elecciones presidenciales que estaban próximas a celebrarse tanto de Estados Unidos como de la República Dominicana. A partir de entonces las negociaciones pasaron a ser encabezadas por la secretaria de Industria y Comercio, Sonia Guzmán de Hernández, en un proceso en que se hizo acompañar de un equipo de técnicos y de representantes de los diferentes sectores sensibles al acuerdo. Osmar Beníntez, de la Junta Agroempresarial Dominicana, jugó un papel de liderazgo en las negociaciones relacionadas con la agropecuaria, el sector más sensible.

En un trabajo que publicó el 3 de febrero de 2006 Hugo Guiliani Cury explicó las razones de su posición:

"Un asunto de tanta trascendencia debe ser cuidadosamente analizado y ponderado por sus diversas implicaciones en lo político y económico y por tanto no se debe en estos momentos actuar con prisa.

Es necesario ganar tiempo y proseguir gestiones tendentes a revisar diferentes aspectos que deben mejorarse en este acuerdo en los próximos meses.

Esto permitirá al país en cualquiera de los escenarios que se presenten en 2005, el poder tener diferentes opciones abiertas a negociar durante todo el 2005 y tratar obviamente de mejorar algunos de los temas negociados".

Particularmente, Hugo Guiliani Cury expresaba su inquietud por el hecho de que "Estados Unidos se había negado a revisar el tema del azúcar, el cual podía ser impactado negativamente si no se hacen las correcciones de lugar, igualmente sucedería con otros productos dentro del sector agrícola".

Durante el gobierno de Hipólito Mejía también se logró superar el estancamiento de las reformas económicas iniciadas a principios de los 90, con la aprobación de varias leyes, entre ellas la seguridad social y el mes de diciembre del año 2000 fue aprobada una reforma tributaria y arancelaria, mediante la Ley 147-00, que creó el impuesto del anticipo de 1.5% sobre los ingresos brutos. Mediante la creación de este impuesto, inicialmente calificado como transitorio, el fisco buscaba asegurar cierta estabilidad en las recaudaciones. Luego, en enero de 2001, es modificado el impuesto del anticipo, mediante la Ley 12-01, que lo convierte en un impuesto mínimo obligatorio.

En el aspecto arancelario, estas reformas no implicaron una profundización de la apertura comercial a través de una reducción de la tasa de protección efectiva a la producción local. En su diseño quedó estampada la tinta de la pluma del secretario Técnico de la Presidencia, Carlos Despradel, de quien eran conocidas sus inclinaciones y compromisos proteccionistas. Él había expresado el 1 de diciembre del 2000, al presentar su libro "La economía dominicana en la globalización", que "cualquier reducción que se aplique a la tasa arancelaria sobre bienes de consumo esenciales debería ser compensada con un aumento proporcional del impuesto selectivo que grava esos bienes". Pero resultaba que el selectivo no medía en todos los casos con la misma vara a los productos importados y a los producidos en el país.

Siendo Carlos Despradel secretario Técnico de la Presidencia, soplaron algunos vientos contrarios a la liberalización comercial. Fueron aprobadas las leyes 01-04, que estableció un impuesto transitorio de 5% a las exportaciones, y 02-04, que impuso un impuesto de 2% a las importaciones.

Sin embargo, durante este período Despradel no se encontró de frente, como en otros tiempos, a Andrés Dauhajre hijo, quien también se había acomodado en el tren gubernamental. Mientras Despradel cuidaba de la protección efectiva, Dauhajre hijo se entretenía en su labor como director ejecutivo de la Unidad de Financiamiento Externo, con la que había construido su propio imperio tras la decisión del gobierno de descuartizar la institucionalidad de la entonces secretaría de Finanzas, al despojarla de su rol de dirigir todo el endeudamiento del Estado, al que estaba facultada por ley. La unidad fue un órgano creado para que fuera manejado por Dauhajre hijo, como su amo y señor. Según escribió Eduardo Tejera en junio de 2001, el jefe de este engendro escribió él mismo el decreto, "con menosprecio de la institucionalidad y sorprendiendo la buena fe del Presidente" y convirtió "a dos secretarios de Estado y al gobernador del Banco Central en meros espectadores de una función que por ley les toca a ellos". Dauhajre hijo es un profesional de competencia incuestionable, que se había ganado una gran credibilidad por su compromiso con las políticas liberales. Su sombra parecía ser su personalidad egocéntrica. Pero tras su nombramiento en esa unidad y posteriores inclinaciones, sus opiniones perdieron peso.

En torno a la reforma tributaria y arancelaria, el sector empresarial sólo expresó reparos a algunos impuestos, pero los legisladores peledeístas se opusieron a su aprobación, quizás por revanchismo. Ante esa situación el presidente Mejía y el entonces presidente del PRD, Hatuey de Camps, negociaron el Pacto de Caballeros con Joaquín Balaguer a través del cual el Partido Reformista apoyó el paquete de medidas en la Cámara de Diputados a cambio de que Mejía sometiera inmediatamente una modificación para reducir el ITBIS propuesto para la publicidad del 8 al 6 por ciento y de que se eliminara la sugerida prohibición a la importación de motores usados con más de cinco años de fabricación. Esta reforma fue aprobada por la Cámara de Diputados el 26 de diciembre de 2000 y el 27 de diciembre fue convertida en ley por el presidente Mejía.

La reforma permitió al nuevo gobierno bajar la tensión fiscal heredada y la creada por el incremento de los precios internacionales del petróleo, que también fue un factor generador de desequilibrio externo junto a una caída en los ingresos de turismo y de zonas francas. Para que se tenga una idea del impacto del aumento de los precios del crudo, el petróleo Brent, que bajó a finales de 1998 a unos 10 dólares, se elevó a más de 34 dólares en el 2000, provocando una gran preocupación a nivel mundial. El secretario de Finanzas, Fernando Álvarez Bogaert, tras estimar que las importaciones de petróleo alcanzarían la suma de los 1,300 millones de dólares en el 2000, unos 600 millones de dólares más que las de 1999, dijo que "aún el pasado gobierno (de Leonel Fernández) hubiera manejado bien la parte económica, eso sólo (el aumento de los precios del petróleo) es suficiente para ponernos en estado de emergencia". Antes de que el petróleo subiera, Álvarez Bogaert había sugerido que se aprovecharan los bajos precios para que el Estado adquiriera unos 4,000 millones de dólares de petróleo, en base a contratos a futuros, para que el país se defendiera de eventuales alzas, pero su sugerencia no encontró eco en quien estaba facultado para tomar esta decisión.

El problema que el gobierno se mostró más decidido a enfrentar fue el del sector eléctrico, que era el más sensible al incremento de los precios del petróleo. El primer día de trabajo del nuevo Presidente lo puso así en evidencia, pues ese 17 de agosto de 2000 salió bien temprano en la mañana de su residencia en la Ciudad Universitaria, en una caravana que tomó la calle José Contreras, luego la Winston Churchill, y a las 7:35 ya estaba en la sede de la CDEEE. Ningún empleado de la empresa eléctrica estatal había llegado a su oficina. Ahí dejó instalado el nuevo consejo de administración de la empresa.

Como otra señal de la prioridad que daba al sector eléctrico, Mejía constituyó la Comisión de Alto Nivel para el Diseño de Políticas Energéticas, integrado por tres profesionales con una alta calificación: Hugo Guiliani Cury, Jaime Aristy Escuder y Francisco Garrigó. Esta comisión identificó como principal problema los altos costos de la generación.

Entre sus primeras acciones estuvieron el denunciar que no eran necesarios los subsidios que daba el Estado a los generadores de energía, con lo que el fisco dejó de erogar unos 3,600 millones de pesos al año que regalaba a ese sector.

Además, la comisión logró evitar que el presidente Mejía autorizara un aumento de la tarifa de 20 por ciento, reclamado por las empresas eléctricas.

Pero no paró ahí. Inició una cruzada para lograr una reducción de la tarifa, para lo cual se apoyó en una propuesta que en unas negociaciones habría hecho el presidente de Itabo, Kelvin Manning, de 5.5 centavos el kilovatio hora, inferior al que luego fue aprobado en el Acuerdo Madrid, que fue de cerca de 7 centavos de dólar.

Manning había reconocido en declaraciones ofrecidas a El Caribe que ese precio fue negociado, pero que no se había hecho una oferta por escrito.

Sin embargo, luego de que se diera a conocer a la opinión pública una carta en que los miembros de la Comisión de Alto Nivel para el Diseño de las Políticas Energéticas informaron al presidente Mejía de la oferta de Manning, éste negó que la hubiera hecho.

Ante la negativa, los miembros de esa Comisión hicieron una publicación a través de la cual, entre otras cosas, plantearon que "la integridad del señor Manning, gerente general de Itabo, ha quedado severamente cuestionada" con el comunicado publicado por la empresa Itabo y su gerente general el 24 de noviembre (de 2001), en la que negaba haber ofertado el precio de 5.5 centavos de dólar por kilovatio hora generado.

Aclaraba el comunicado que la negación se produjo a pesar de que "el señor Manning reconoció, en declaraciones aparecidas el 22 de noviembre en la prensa nacional, que en la reunión que se sostuvo con la Comisión Asesora de Alto Nivel presentó la oferta de 5.5 centavos de dólar por kilovatio hora".

Inmediatamente se hizo pública esta posición se produjo un hecho que selló la suerte de la comisión. El 13 de diciembre de 2001 era día de almuerzo de la Cámara Americana de Comercio. Los anfitriones sentaron en la mesa principal a Hugo Guiliani Cury y Kevin Manning, uno al lado del otro. Pero para sorpresa de todos, mientras a Guiliani y Manning conversaban cordialmente, el presidente de la Cámara, Andrés Aybar Báez, aprovechó sus palabras de bienvenida para el orador invitado, el secretario de Finanzas, Fernando Àlvarez Bogaert, para descargar su imprudencia sobre Hugo Guiliani Cury al afirmar que el comunicado publicado por los miembros de la Comisión de Alto Nivel para el Diseño de las Políticas Energéticas "estuvo muy lejos de la altura que debe predominar en las discusiones de temas tan importantes para el país como el tema eléctrico". Esperar a que ante esa impertinencia Guiliani Cury no reaccionara era no conocerlo. El entonces secretario de Industria y Comercio se retiró del almuerzo en defensa de su honor, y lo mismo hizo el economista Jaime Aristy Escuder. Algunos de los invitados se mostraron sorprendidos de las palabras de Aybar Báez y hubo quienes las consideraron un exceso, mientras otros la definieron como una afrenta y un golpe bajo.

Pregunté a Hugo Guiliani Cury, cuando se disponía a retirarse, el motivo de su decisión y me respondió: "Como invitado especial y estando sentado en la mesa principal, califico las palabras del señor Aybar como una indelicadeza y falta de educación frente al suscrito y algunos de sus invitados".

Las empresas del sector eléctrico no pudieron doblegar a los miembros de la comisión, pero torcieron el pulso al gobierno. La comisión terminó siendo echada a un lado en las negociaciones sobre el tema eléctrico.

En cuanto a la Ley General de Electricidad, aunque su aprobación fue un logro del gobierno de Mejía, el que se produjera de manera tardía, ya que estuvo rebotando en el Congreso durante los gobiernos de Joaquín Balaguer y Leonel Fernández, provocó un daño cuyas consecuencias negativas se sentirían por décadas. Hice mía la posición de algunos sectores que advirtieron que el inicio del proceso de privatización de la CDEEE sin que se contara con la Ley Genereal de Electricidad traería problemas. Se trataba de algo fundamental porque sin el establecimiento de un sistema regulatorio independiente y creíble, los actores del sistema actuarían sin controles, lo que sucedió desde el primer momento de la capitalización.

El Senado convirtió el proyecto en ley el 17 de julio de 2001 y fue promulgado por el Poder Ejecutivo el

26 de julio cuando el desorden creado con la privatización ya era una realidad. Tras su aprobación, el senador Ramón Alburquerque dijo que la legislación era inconstitucional porque establecía un "perfecto monopolio" y el presidente de la Asociación de Industrias, Nassim Alemany, consideró que iba a crear un oligopolio, y pidió que no fuera promulgada.

La historia de lo ocurrido a partir de entonces es de todos los dominicanos conocida. La Comisión de Reforma de la Empresa Pública, en un espacio pagado del 9 de diciembre de 1998, afirmaba que con la privatización del sector eléctrico se esperaba que "el país dispondrá de un servicio eléctrico de calidad, a precio razonable" y que "la industria eléctrica será financieramente autosostenible", con lo que "el Estado dejará de entregar más de 2,500 millones de pesos anuales en subsidios", que a esa fecha eran 167 millones de dólares. ¿Y qué pasó? Cuando el presidente Leonel Fernández entregó su último mandato, en 2012, el subsidio alcanzaba los 1,500 millones de dólares al año y la tarifa se había multiplicado varias veces.

El 22 de junio de 2002 escribí sobre el tema:

"Al ser víctima cada día de un nuevo engaño en la discusión sobre el problema eléctrico, ya muchos dominicanos parecen no reaccionar ante quienes pretenden seguir tomándole el pelo.

Quizás esto explique que cada vez que las empresas capitalizadas y sus contados beneficiarios recurren a nuevos artificios para justificar las enormes cargas que imponen a la población y a los sectores productivos, son pocas las voces que se levantan para poner las cosas en su lugar.

Las empresas distribuidoras pagaron cheles por el patrimonio del Estado bajo los supuestos de que su entrada se iban a eliminar los subsidios que daba el gobierno y que parte de la energía consumida no se pagaba y ellas iban a resolver ese problema, además de bajar la tarifa eléctrica; pero luego de la capitalización han aumentado la tarifa y quieren subsidios y otras concesiones.

Se pretende que el país acepte este engaño a pesar de que en los términos de referencia utilizados para la licitación de las empresas distribuidoras capitalizadas no figuraba que esas empresas recibieran pago alguno por la energía robada.

Tampoco en ninguna parte de la Ley de Electricidad se contemplaban pagos a las empresas distribuidoras por este concepto, sino, por el contrario, lo que se establecía era el costo marginal.

Por esta razón lo que resaltaban como ventaja de la capitalización los diseñadores del proceso llevado a infeliz término, era que con ella se iba a acabar el robo de energía porque los capitalizadores no sólo nos iban a dar lecciones de cómo hacerlo, sino que ellos mismos se encargarían de llevar a cabo con éxito esa tarea.

Sólo esto explica que al país se le sorprendiera con una cláusula en los contratos de capitalización, a través de la cual, en adición al beneficio que se le otorgaba a los capitalizadores al venderle a precio de vaca muerta el patrimonio de la CDEEE, se estableció que esas empresas recibirían el 2.75 por ciento de las ventas brutas de energía como aporte por honorarios de administración.

Es decir, se les vendió a precio irrisorio porque se le entregó un mercado en que parte del consumo no era honrado por los consumidores y, además, se les hizo el regalo, definido hoy por el superintendente de Electricidad, José Ovalles, como monstruoso, del canon administrativo del 2.75 por ciento. De esta manera se ha estado haciendo un jugoso pago por una gestión cuestionable, pues sin que resulte una vergüenza para los capitalizadores, son ellos mismos quienes todavía hoy justifican la carga que representa para el país el alto costo energético y el deficiente servicio en base al argumento de que parte de la energía consumida no es honrada.

De esta manera parecería culparse al Estado de una responsabilidad que asumieron los capitalizadores cuando el Estado decidió vender su patrimonio en base a una valoración que no podía ser más baja, y se libera a los capitalizadores de la responsabilidad que asumieron de cambiar la suerte del sector energético, en base a la eficiencia y sin aumentos de tarifa.

Todo esto ocurre a pesar de que los propios capitalizadores hicieran ejercicios financieros que arrojaban pérdidas en los primeros tres años, por lo cual recibieron concesiones para manejar un mercado en el cual ellos iban a poner las reglas de juego para sacar la mayor tajada durante cuarenta años.

Pero no sólo los capitalizadores no cumplieron con el compromiso asumido, que sirvió para justificar su pírrico aporte para la capitalización, sino que también quedó la duda de si en realidad hicieron la inversión a que se comprometieron, ya que recurrieron a subterfugios financieros para hacer aparentar que hicieron el aporte que nunca llegó al país y por eso no han sido colocados los medidores que se requieren para registrar el consumo real de los clientes. De paso, la pobre CDEEE ha tenido que regalarles a quienes contaban con el gran capital para salvar al sistema eléctrico, hasta locales para sus oficinas comerciales. Y para colmo, ahora se plantea que sea el Estado quien asuma el cobro de la energía en los barrios que no la pagan".

Nunca antes la población se sintió tan abrumada ante las cargas que le imponía el sector eléctrico como en estos primeros años de la privatización. El gobierno de Mejía heredó unos contratos a través de los cuales los generadores comieron con sus damas, lo que les permitió declarar jugosos beneficios desde el principio en proyectos que estaban llamados a tener un período de maduración para que fueran rentables. Y cedió a firmar el llamado Acuerdo de Madrid el 8 de agosto de 2001, cuyo contenido se intentó en principio mantener en secreto. Si bien este acuerdo redujo el precio de la generación, lo hizo de manera tímida y a cambio de extender por 20 años esos contratos, alargando su vigencia y perpetuando los altos costos de generación. Pero además hizo concesiones irritantes a las empresas distribuidoras en violación de la propia Ley Geneal de Electricidad en aras de resolver un problema financiero de corto plazo.

El acuerdo de Madrid establecía, además, aplicar un peaje a los usuarios de dos megavatios de potencia, para impedir que se beneficiaran de su condición de usuarios no regulados, a la que estaban facultados por la ley de electricidad. El peaje, establecido mediante una resolución para cuya firma se prestó el entonces superintendente de Electricidad, José Ovalles, consistía en un cargo equivalente al 85 por ciento de la diferencia entre el precio que el usuario no regulado consiguiera dentro del esquema de tarifas de las empresas distribuidoras y el precio a que éstas comprarían dicha energía a las empresas de generación.

Ese peaje tenía una vigencia hasta diciembre de 2002, y para prolongarlo las distribuidoras iniciaron una cruzada que me sentí en el deber de denunciar. El 14 de agosto de 2002 escribí que una gran ofensiva habían lanzado esas empresas para introducir modificaciones al reglamento para la aplicación de la Ley General de Electricidad, que incluirían el desconocimiento de los derechos de los clientes no regulados.

La ofensiva se inició con una visita que hicieron altos ejecutivos de la Unión Fenosa al presidente Mejía en el Palacio Nacional.

Para lograr su propósito las distribuidoras alegaban que no estaban en disposición de hacer nuevas inversiones si no se eliminaba el derecho de los clientes no regulados.

El rechazo de estas pretensiones impidió que los capitalizadores llegaran más lejos en su propósito. Ayudaron las denuncias sobre el carácter ilegal de estos cargos. Recuerdo haber publicado el 27 de noviembre que "una consulta legal ordenada a un reconocido bufete de abogados por una institución empresarial del país había concluido en que procedía un recurso legal para lograr la anulación de la resolución 15-2001 de la Superintendencia de Electricidad, que impuso el peaje, pues éste era contrario a la ley y a principios consagrados en la Constitución de la República". Esto así porque desconocía del derecho a convenir condiciones tarifarias individuales con sus proveedores.

Las empresa distribuidoras se habían propuesto, según denunció el propio superintendente de Electricidad de entonces, Julio Cross, quien sucedió a José Ovalles, inclinar el reglamento de la ley de electricidad en favor de sus intereses, haciendo que éste le permitiera convertirse en juez y parte en el marco de las regulaciones con los usuarios del servicio. En otras palabras, pretendieron moldear el reglamento, que debía ser el medio de defensa de los usuarios, para que sirviera exclusivamente a sus empresas.

Con la privatización el Estado y los usuarios del servicio eléctrico quedaron colocados en una situación tan vulnerable que en un esfuerzo desesperado el presidente Mejía se vio obligado a emitir un decreto, tan infuncional como otros muchos que se han dictado en el país, que prohibía los llamados apagones financieros, que eran interrupciones deliberadas en el servicio eléctrico por razones económicas, no técnicas.

Como el gobierno se perdió en el camino en medio del laberinto de intereses que buscaban deshuesar al sector eléctrico, terminó en una salida desesperada: en un proceso en que el economista Andrés Dauhajre hijo jugó un papel estelar tras haber dado un giro de 360 grados en su actitud hacia las empresas capitalizadoras, dispuso la recompra de las distribuidoras, a pesar de que hubo quienes se le acercaron al presidente Mejía, entre ellos Fernando Álvarez Bogaert, para sugerirle que no lo hiciera. Por las empresas que nadie nunca supo qué invirtieron sus capitalizadores el Estado pagó 600 millones de dólares. En realidad, no estaba comprando un activo, sino un pasivo que le vendían como oro por las deudas que arrastraba y porque habían comprometido los pagos futuros de sus principales clientes.

Pero no todo fue negativo. En este período se hicieron importantes inversiones privadas en la generación. Particularmente, los 300 megavatios instalados por AES en base a gas natural, amparados en un buen contrato de suministro, han sido una tabla de salvación para el sector eléctrico. Los capitalizadores se han mostrado tímidos al invertir en el área de distribución, pero no así en la generación. Al fin de cuentas, piérdase o no la electricidad en las redes y haya o no hurto, ellos saben que finalmente el Estado siempre tiene que buscar la plata para pagar la energía que sirven.

Tan tardía como la aprobación de la Ley General de Electricidad lo fue la del Código Monetario y Financiero, lo que tuvo consecuencias nefastas para el país, que por décadas serían sentidas por la población.

Además de que cuando este código fue aprobado ya estaba obsoleto, el proyecto original fue despojado de regulaciones medulares bajo la promesa de que serían incluidos en una posterior ley que llegó gracias a la imposición del FMI cuando el problema ya había reventado. Esto a pesar de que hubo advertencias que debieron ser tomadas en cuenta, como la que hizo el gerente del Departamento Regional de Operaciones II del Banco Interamericano de Desarrollo (BID) en una carta dirigida al gobernador del Banco Central, Frank Guerrero Prats, que conoció la Junta Monetaria en mayo de 2002, en la que, tras ponderar aspectos positivos del proyecto de Código Monetario y Financiero, advertía que "en el único aspecto en el que debemos llamar la atención de las autoridades es en el relacionado con los límites previstos de endeudamiento individual y, particularmente, con los créditos a partes relacionadas o vinculadas, que superan las recomendaciones internacionales y que podrían convertirse en un elemento que erosiona la fortaleza patrimonial del sistema bancario". Lo ocurrido después confirmó esos temores.

Era obvio que algunos bancos del país estaban comprando activos y opiniones por doquier, pagaban intereses por los depósitos tan altos y cobraban tasas por los préstamos que concedían tan bajas que hacían que esas operaciones quedaran despojadas de la condición de bancarias, daban generosas donaciones y sus ejecutivos llevaban una vida de dispendios. Nada de eso cuadraba con los números de la prudencia financiera. Además, el informe Aristóbulo de Juan y Julio Arranz de 1999 había encontrado indicios de malas prácticas. Pero a pesar de todas esas señales alarmantes, hubo sectores que continuaron bloqueando para que no avanzara una reforma que vacunaría al sistema financiero contra el fraude. Estaba en marcha la crisis bancaria cuando todavía aparecían nuevas propuestas de cambios al proyecto ya consensuado. Nunca entendí por qué el sector empresarial, que sería el mayor beneficiario de una reforma que le asegurara servicios financieros competitivos y le evitara pagar el costo de quiebras originadas en malas prácticas bancarias, no guardó distancia de los sectores que la torpedeaban, sino que, por el contrario, les entregó instrumentos a través de los cuales ejercía presión sobre el diseño de las políticas públicas. De esta manera los empresarios afilaron cuchillo para su propia garganta, pues permitieron que se crearan las condiciones para la quiebra bancaria y para que surgieran verdaderos monstruos con los cuales muchas empresas no podían competir, como quedó evidenciado en el proceso que llevó a la quiebra de Banínter cuando se vio circulando un carro por las calles de Santo Domingo con un letrero que decía: "Cómprame ahora, porque si no, Ramoncito lo va a hacer".

Esto ocurrió no obstante haberse levantado voces dominicanas que también planteaban la necesidad de resguardar al sector bancario de una eventual crisis. Fue premonitorio un trabajo publicado el 7 de septiembre del 2000 por los economistas Jaime Aristy Escuder y Andrés Dauhajre hijo, titulado "Evitemos una crisis financiera".

Planteaban que "en 1991 se estimó en la República Dominicana un modelo de probabilidad de colapso bancario, que incluyó como variables explicativas un conjunto de indicadores que reflejan los factores que inciden directamente sobre la confiabilidad y el desenvolvimiento de las instituciones financieras, y recordaban que "para la estimación de los parámetros se utilizaron datos combinados trimestrales de corte transversal en el tiempo. El horizonte temporal abarcó desde septiembre de 1989 hasta septiembre de 1990, lapso durante el cual la Superintendencia de Bancos intervino y cerró ocho bancos".

Señalaban que "los resultados del modelo estimado revelaron que ninguna de las definiciones de solvencia ejerció una influencia significativa sobre la probabilidad del colapso de los bancos, lo que llevó a la conclusión de que en ese momento la crisis no había sido una crisis de solvencia o al menos de deficiencia de capital".

Sin embargo, advertían que "debido a que en la República Dominicana no hay provisiones adecuadas contra las pérdidas esperadas, es muy probable que el capital contable sea muy superior al capital efectivo o patrimonio. Esto puede llevar a que los coeficientes presenten una significación estadística menor".

Asimismo, precisaban que con el transcurrir del tiempo se confirmó esa inquietud, pues el nivel de capital de los bancos había sido abultado mediante la conversión de depósitos en capital sin el consentimiento de los ahorristas, así como por el ocultamiento de información sobre la calidad de la cartera, en unos casos porque parte del personal de la Superintendencia de Bancos se había puesto al servicio de algunos bancos que incurrían en prácticas dudosas o porque esta institución no contaba con el personal ni las normas adecuadas para exigir un tratamiento correcto del riesgo de la cartera.

En marzo de 2005 un informe de un Panel de Expertos designado entre las autoridades dominicanas y el Fondo Monetario Internacional confirmó que las autoridades había recibido informaciones de la situación de la banca que debieron activar las acciones preventivas, pues en el caso de Banínter se realizaron inspecciones en 1999, 2000 y 2001 que arrojó informaciones preocupantes.

El informe estableció que "en este último año, se hizo una inspección denominada 'general' en marzo y otra de cartera en septiembre. En la inspección de cartera de 2001 se detectó un notable incremento en el riesgo de crédito, el que pasó de 5,99% a 13,06%, y se reclasificó al 56% de los deudores evaluados, determinándose un faltante de provisiones de RD$$ 810 millones, cifra que más que doblaba las utilidades de ese año, y que habría significado pérdidas del 34% del patrimonio. Dado que las provisiones adicionales se podían diferir en un plazo de tres años, ese año el Banco reflejó utilidades".

Aún más, el informe señaló que llamó "la atención del Panel que la Superintendencia de Bancos había detectado a través de sus propios equipos deficiencias significativas en los bancos, había recibido asesorías de expertos externos e informes de organismos internacionales que daban cuenta de serias debilidades patrimoniales y de la calidad de los procesos de seguimiento del riesgo, y sin embargo sus autoridades no reaccionaron con la oportunidad y contundencia necesaria para poner en práctica las recomendaciones formuladas, corrigiendo a tiempo las desviaciones, lo que al menos habría reducido el monto de las pérdidas ocasionadas".

No entendí por qué las autoridades esperaron a que estallara la crisis para actuar si eran tan abrumadoras las evidencias de que algo andaba mal. El Banco Central disponía de la información sobre el desencaje de varios bancos, que se hizo persistente sobre todo en el caso de Banínter, y también conocía de las tasas que pagaba ese banco, insostenibles para cualquier entidad financiera que actuara apegada a las más elementales normas prudenciales. Todavía se tenía la información a principios de enero de 2003 de que Banínter estaba registrado desde el 27 de diciembre de 2002 el financiamiento de última instancia otorgado por el Banco Central como si se tratase de depósitos recibidos del público, y las autoridades seguían sin reaccionar.

Si estos ruidos no eran suficientes para que despertaran, entonces las autoridades debieron reaccionar ante la publicación que el viernes 20 de septiembre de 2002 colocó el Listín Diario como principal información, con un titular sobredimensionado y desplegada en espacios propios para una hecatombe mundial, en la que se denunciaba una supuesta guerra de tasas de interés en la banca, que llevaría a un deterioro de la cartera del sistema, salvo que el Banco Central bajara el encaje legal. La publicación, que parecía el grito de alguien que se hundía en las profundidades del océano, generó tanta alarma que motivó a la Asociación de Bancos a emitir una declaración el día siguiente en la que, para tratar de bajar la tensión, afirmaba que no había temor en la banca y que la liquidez estaba mejorando.

Lo que debió derramar la copa fue la información que recibieron las autoridades monetarias el 30 de septiembre de 2002 de que en una reunión informal que sostuvieron banqueros y el superintendente de Bancos, Elías Atalah, el presidente de Banínter, Ramón Báez Figueroa, había expresado que el problema de liquidez había que resolverlo y que si su banco tuviera problemas, entonces usaría el poder de sus medios de comunicación, lo que podría afectar a toda la banca. Eso ocurrió en la tarde, tras conocer en la mañana la declaración ofrecida por el expresidente Leonel Fernández de que había una situación de iliquidez que podría hacer colapsar a la banca dominicana.

El l7 de octubre del 2002 ya las autoridades del Banco Central sabían que la situación de Banínter era crítica. Había perdido 4,000 millones de pesos en depósitos, pero no había consumido sus recursos del encaje. Así se lo hizo saber ese día el gobernador a Eduardo García Michel, miembro de la Junta Monetaria, según éste cuenta en su libro "Una experiencia de política monetaria".

Pero todavía las autoridades monetarias estaban apostando con que el problema se resolviera con una reducción del gasto del gobierno.

El 7 de diciembre hubo un encuentro entre miembros de la Junta Monetaria y banqueros, en la que Luis Molina Achécar describió lo que días después ocurrió. Vaticinó con una clarividencia pasmosa que si se producía una crisis financiera le costaría a la economía el 20 por ciento del Producto Interno Bruto y que era preferible, para evitarlo, adoptar medidas de más que de menos.

Pero el Banco Central siguió entregando dinero a Baninter, y Baninter no paró en el incumplimiento de los compromisos que asumía con esa institución, hasta generarse un exceso de liquidez en ese banco que presionaba al mercado de divisas. Todavía era el 20 de enero de 2003 cuando el gobernador Frank Guerrero Prats le preguntaba a Báez Figueroa si tenía algún plan para enfrentar el problema. Su respuesta no pudo ser más burlesca y desaprensiva. Le dijo, según revela Eduardo García Michel en su libro, que lo que él quería hacer era dedicarse a ser periodista y recordó que era dueño del Listín Diario, de otros periódicos y de estaciones de radio y televisión. Y lanzó la amenaza de que si Baninter se iba, con él se irían otros.

Finalmente ocurrió lo que se había advertido. La crisis se desencadenó con el derrumbe de Baninter y siguió con la quiebra de otros importantes bancos.

Según el señalado informe del Panel de Expertos, el mecanismo a través del cual se ocultó el fraude fue denominado en su acepción común 'banco paralelo' o 'contabilidad paralela', que no es otra cosa que un artilugio informático y contable para ocultar a las autoridades y al público en general una parte significativa de las operaciones del banco, que en el caso de Baninter alcanzaban, al momento de su intervención, aproximadamente a dos veces la parte visible del banco, lo que lo llevaba, como anteriormente se dijo, de ser el tercer banco del sistema financiero al primer lugar del ranking, pero además haciéndolo de mayor tamaño que la suma de los dos bancos que hasta antes de revelarse el fraude aparecían en primer lugar".

Las estimaciones del panel eran las de que Baninter pasó de activos oficiales por RD$ 26,000 millones a activos por RD$ 81,000 millones, "por lo que la parte oculta (RD$ 55,000 millones) a la tasa de cambio de principios de abril, cuando se realizó la intervención representaba una cifra cercana a los US $ 2.300 millones".

El Panel de Expertos estimó que los recursos utilizados en la operación de rescate estuvieron en el rango del 20% al 25%del PIB, lo que confirmó el vaticinio de Luis Molina Achécar en aquella reunión celebrada en el Banco Central días antes de la crisis bancaria.

Los hechos que llevaron a la crisis eran conocidos, pero todos hicimos como el avestruz y nadie hizo nada para evitarla. El "agujero" habría comenzado a crearse a partir del 1989, acelerándose a partir de 1996, cuando Baninter compró el Banco del Comercio. El desplome fue precedido de inversiones que por doquier se hacían con los recursos del banco y de una guerra de precios que puso de rodilla a muchas empresas y colocó en situación difícil a otras.

"Se desarrolló la especulación sobre el origen de las montañas de dinero de Báez. Nadie pareció tomar en cuenta la explicación más mundana que hoy ofrece la autoridad monetaria dominicana: él le robó a su propio banco", escribió Dorallissa Pilarte en Latin Trade.

Un reportaje de The Wall Street Journal, firmado por José de Córdoba, describía a finales de junio lo que todos habíamos visto sin inmutarnos:

"Ramón Báez celebró su segunda boda en 1997, en el exclusivo sitio de recreo Casa de Campo, mientras una galaxia de superestrellas latinoamericanas animaban a más de 600 invitados. El entonces presidente Leonel Fernández, un testigo oficial, bailó toda la noche. Enfermo con cáncer, el jefe del principal partido de oposición, José Francisco Peña Gómez, se levantó de su cama de convalecencia para firmar el acta matrimonial. Los promotores estimaron el costo de la recepción en no menos de US$2 millones.

El acontecimiento fue más que una vitrina de la extravagancia y riqueza en un país cuyo ingreso per cápita es de cerca de US$2,000 al año. El señor Báez, de 47 años, presidente de uno de los mayores bancos del país y arquitecto de 47 deslumbrantes imperios de negocios, era el símbolo del surgimiento de República Dominicana como la estrella económica de la región caribeña.

El señor Báez adquirió casas en Bali, Colorado, Miami y Casa de Campo, el resorte en la costa sudeste de República Dominicana. Encargó un yate Benetti de 147 pies y tres pisos, bautizado 'Patricia', en honor a su esposa. El yate, que fue entregado el año pasado (2001), era uno de las cuatro naves de lujo que poseía, además de un pequeño escuadrón de 'jets' ejecutivos".

En torno a la generosidad de Báez Figueroa, el reportaje de WSJ agregaba: "El escándalo ha salpicado decenas de figuras importantes de todos los sectores de la vida nacional -desde presidentes, actuales y pasados, hasta periodistas y jueces importantes de la Suprema Corte de Justicia, muchos de los cuales supuestamente recibieron generosos presentes o pagos regulares del banco. De acuerdo con un informe del Banco Central del país, el señor Báez y el banco, más conocido como Baninter, distribuyeron durante varios años un total cercano a US$$75 millones en pagos y prebendas a funcionarios del gobierno y otras personas influyentes".

Ese reparto de prebendas hacía sentir a Ramón Báez Figueroa tan poderoso que llegó al convencimiento de que era intocable por los poderes del Estado.

El reportaje de Wall Street Journal señalaba, además, que "el señor Báez patrocinó un famoso carnaval en La Vega, las fiestas de poblaciones de provincias y equipos locales de béisbol y baloncesto. El banco llegó a gastar cerca de US$100,000 al año en publicidad, concluyeron los investigadores, que lo convirtió en el mayor anunciante del país".

'Se había convertido en el Rey Midas del país', dijo el expresidente Fernández. 'Todo el mundo iba a verlo si necesitaba dinero para algún evento'".

Sin embargo, el expresidente Leonel Fernández erró el 28 de mayo de 2002 al atribuir la crisis de Baninter, "antes que a la mala administración, a la iliquidez que produjo en el sistema financiero el incumplimiento del gobierno de sus compromisos con la banca privada".

Para Participación Ciudadana, "la responsabilidad (de la crisis bancaria) recae particularmente sobre quienes ejercieron funciones en la Superintendencia de Bancos, en el Banco Central y en la Junta Monetaria, los que tenían la obligación de supervisar, normar y ordenar el mercado financiero; sobre todo cuando el derroche y la multiplicación de propiedades originaban cuestionamientos en todo el que tenía ojos y oídos para ver y escuchar. Hasta el momento estas instancias no han asumido esa responsabilidad ni las consecuencias que necesariamente deben derivarse de sus acciones u omisiones".

"Pero más allá de las responsabilidades que tocan a los gobernantes y funcionarios, este escándalo es fruto del sistema de complicidad inmoral que se ha instituido entre grandes intereses económicos y políticos, aceptado y legitimado por sectores de influencia de la sociedad", afirmaba la organización de la sociedad civil en un comunicado publicado a raíz del escándalo.

"Se trata –agregaba- de un sistema que financia a la mayoría de los partidos y de los pre-candidatos y candidatos; que soborna y corrompe a quienes ejercen los poderes del Estado: gobernantes, legisladores, jueces, funcionarios civiles, policiales y militares, extendiéndolo también al liderazgo de las más variadas instituciones sociales, de los medios de comunicación y sin respetar ni siquiera al poder eclesial y las altas instancias de la justicia".

Aunque es importante aclarar que una parte de los empresarios no fue copartícipe y sintió indignación por lo ocurrido. Fue el caso de Jeffrey Poyo, quien en una entrevista que me concedió a raíz del escándalo me expresó que como empresario no se sentía ofendido, "al igual que deben sentirse los demás representantes del sector privado, porque éste no es un ejemplo del empresariado".

Tras la quiebra de Baninter, el entonces asesor económico del Poder Ejecutivo, Andy Dauhajre, planteó la conveniencia de que se prohibiera por ley que las instituciones financieras sean propietarias de medios de comunicación, por las implicaciones económicas y políticas que eso tiene, pues "uno de los grandes problemas del país es que la banca, al hacerse propietarios de medios de comunicación, se convirtió en un poder más allá de lo económico y entró al ámbito eminentemente político".

En mi caso, tuve la suerte de no aparecer en la lista de beneficiarios de los generosos repartos de Baninter, quizás protegido por el destino porque en la larga relación de favorecidos aparecían los nombres de patriotas con cuya reputación nunca osaré competir.

Obviamente, la crisis bancaria tendría un alto costo. No podía esperarse que tanto dispendio y tanta permisividad resultaran gratis para el país. Nunca la moneda se había devaluado en tal magnitud y con tanta celeridad. La consecuencia fue un empobrecimiento de millones de dominicanos y la imposición de una pesada carga financiera sobre las presentes y futuras generaciones.

Complicó un poco la situación la espontaneidad con que se manejó Mejía, quien con frecuencia tomaba las cosas a chiste en una situación de emergencia en la que una expresión graciosa de un jefe de Estado podía resultar ofensiva para la población. Sus martillazos verbales contaminaban su encanto personal, pues su discurso no fluía modulado y sereno, según el tiempo y el sonido de las sílabas. El país vivía circunstancias que pueden conducir al error hasta al más prudente hombre de Estado. Aunque también hay que reconocer que no ocurrió peor porque el presidente Mejía tuvo el coraje de procesar judicialmente a los causantes del fraude y rescatar a la banca para evitar el colapso de todo el sistema financiero, aunque pudo darse al problema una mejor solución.

Otro factor que complicó fue la falta de una ruta clara en la política económica, no sólo en el ámbito fiscal, sino también en el monetario. Cada funcionario parecía tirar para su lado y los había que no terminaban de liberarse de sus ataduras con grupos privados y seguían actuando en la administración pública como en los mejores tiempos en que ejercieron de consultores de esos grupos. Las decisiones de otros parecían estar orientadas hacia el provecho personal.

También se percibió incompetencia en la autoridad monetaria en circunstancias tan difíciles. En una reunión del Consejo de Asesores del presidente Hipólito Mejía del 29 de agosto de 2002, Hugo Guiliani Cury había hecho un planteamiento en que parecía tener sus dudas sobre la forma como se estaba encarando la crisis, pues advirtió que cualquier acción que se emprendiera debía estar muy bien amarrada.

Algo que me llamó la atención era que si bien es cierto que un gobernador del Banco Central no tiene que estar todos los días dando declaraciones a la prensa, sí debe comunicar cuando las circunstancias lo ameritan, y en aquellas difíciles circunstancias se percibía que Frank Guerrero Prats mostraba un gran déficit en este aspecto. Parecía que le había abrumado el salto del Departamento de Deuda Externa del Banco Central, en que se había desempeñado antes, a la jefatura de la política monetaria. Además, lucía que sus decisiones estaban muy influenciadas por las opiniones de algunos miembros de la Junta Monetaria, particularmente por Eduardo García Michel, más ducho en la teoría monetaria.

El 1 de agosto de 2002, cuando se acercaba el estallido de la crisis bancaria, Eduardo García Michel se opuso públicamente al proyecto de rectificación tributaria y arancelaria presentado por el gobierno mientras el presidente Mejía lo defendía. Este economista planteaba una solución basada solo en una reducción de gastos, posición extrema que no conduciría a la salida en una crisis que demandaba que el Estado dispusiera de mayores recursos para enfrentarla.

Finalmente, en medio de la crisis, García Michel renunció a su puesto en la Junta Monetaria. Días después el presidente Mejía dispuso la sustitución de Frank Guerrero Prats por José Lois Malkum al frente del Banco Central.

No obstante, Frank Guerrero Prats y Eduardo García Michel adoptaron algunas acciones que hablan bien de su honor, como la de oponerse a las presiones que ejercieron Lois Malkum y Andrés Dauhajre hijo para que el Banco Central aceptara a Baninter como parte de los pagos a que se había comprometido 1,000 milllones de pesos en bonos públicos que decía tener el Grupo Intercontinental. Como señala García Michel en el referido libro, eso hubiera equivalido a "imponer el interés privado sobre el colectivo".

En el caso de los banqueros, si bien la crisis puso al desnudo el pillaje de algunos también permitió al país descubrir la seriedad, para defender el honor de sus familias y el propio, de otros que aportaron una fortuna para salvar de la quiebra a varios bancos que se vieron en problemas.

Algunas voces sugirieron, ante la gravedad del agujero financiero, que se gestionara un préstamo con el Tesoro de Estados Unidos, posición que compartí. Pero a esta posición no le se le dio entre las autoridades ni fuera del gobierno la importancia que ameritaba. Me sorprendí de que en un encuentro del subsecretario del Tesoro de Estados Unidos, Jonh Taylor, con representantes de la prensa en la casa del embajador de su país, ninguno de los periodistas le preguntara sobre esta posibilidad, por lo que me sentí en el deber de abordarlo sobre el tema. Su respuesta estuvo muy lejos de ser categórica y cercana a la ambivalencia, sembrando el pesimismo en mí.

Fue años después que me enteré de que los miembros de la Junta Monetaria y los integrantes del equipo económico del gobierno habían pedido al embajador dominicano en Washington, Hugo Guiliani Cury, su opinión sobre la crisis y cómo abordarla, dada su experiencia en el manejo del programa de ajuste de la economía dominicana en el 1984 y 1985, y éste recomendó que se recurriera a un préstamo con el Tesoro de Estados Unidos. El propio Hugo Guiliani Cury así lo confirmó en un trabajo publicado el 3 de febrero de 2006:

"En esa reunión hice algunas reflexiones sobre el proceso de ajuste con crecimiento del 1985-86 y ofrecí lo que a mi entender serían algunas soluciones a la crisis económica de 2003. También les expliqué sobre lo ocurrido en la crisis de Uruguay en el 2002, a la cual había dado un estrecho seguimiento desde Washington, ya que ese país mantenía en la sede de su embajada a varios de los asesores de esa crisis.

Les indiqué que a Uruguay, un país más pequeño que el nuestro y con un PIB menor, los organismos internacionales financieros le habían dado recursos que sobrepasaban los cuatro mil millones de dólares y el gobierno norteamericano le otorgó un préstamo puente de 1,500 millones de dólares con la finalidad de evitar que se rompiera la cadena de pago y que colapsara la economía uruguaya. Ese préstamo fue luego repagado por el Uruguay al tesoro norteamericano con un desembolso proveniente de los recursos del FMI, organismo que a su vez tuvo que aumentar en ese momento la asistencia financiera que originalmente le había otorgado.

Les señalé que nuestro país sólo había logrado un paquete de 1,200 millones de dólares de esos organismos y que entendía que era un monto muy pequeño y que el esfuerzo interno que se tendría que hacer para poder salir de la crisis sería muy grande".

Hugo Guliani Cury planteó en ese trabajo que había brechas que la República Dominicana podía aprovechar para obtener ese financiamiento: "La primera es que para esa fecha ya habíamos obtenido el compromiso de Estados Unidos de que entraríamos al DR-CAFTA. Ese hecho, tarde o temprano, nos llevará a los países miembros del acuerdo, a la búsqueda de una moneda común que facilite las transacciones comerciales y esa moneda sería el dólar.

El segundo aspecto era que en los más altos niveles de la administración norteamericana estaban preocupados por la crítica situación económica de nuestro país en el 2003 y esto los podría conducir a tener que realizar una fuerte ayuda financiera, al igual que la efectuada al Uruguay un año antes.

La otra señal positiva era que a finales de octubre del 2003, Taylor declaró públicamente que si República Dominicana deseaba dolarizar, el Tesoro estadounidense estaría dispuesto a ayudar".

Poco después de la reunión de Hugo Guiliani Cury con las autoridades económicas del país, Taylor viajó a Santo Domingo para constatar en el terreno cuál era la verdadera situación y él mismo conversar con el liderazgo dominicano en torno a las posibles soluciones a la crisis y sobre su visión del futuro.

Hugo Guiliani Cury reveló que después de esa visita recibió de Taylor una correspondencia donde le indicaba que "la colaboración norteamericana se concentraría únicamente a través del Banco Interamericano de Desarrollo, Banco Mundial y FMI. Esto obviamente era una clara indicación de que el Tesoro norteamericano no nos apoyaría con sus propios recursos vía un préstamo puente".

Tiempo después le pregunté al presidente Mejía en un encuentro con los medios de comunicación del Grupo Corripio, ya en su calidad de expresidente, que por qué el Gobierno no se concentró en una fórmula de solución que se apoyara en un préstamo del Tesoro norteamericano, lo que hubiera reducido el costo de la crisis. Él me respondió que se hicieron algunas diligencias, pero al comunicarle mi percepción de que no se hizo lo suficiente y que de haberse empleado al fondo el país lo hubiera logrado, como lo había conseguido Uruguay, me respondió que quizás yo tenía razón en ese sentido.

Para Hugo Guiliani Cury, las razones por las cuales las autoridades no se concentraron en la búsqueda de un apoyo financiero directo del Tesoro estadounidense era porque estaban muy distraídas con los problemas del día a día generado por la crisis, y en esa distracción dos economistas que ocupaban posiciones ejecutivas en el Banco Central prefirieron, en vez de cotejar sus números y teorías, descender a un plano más primitivo, chocaron sus fuerzas físicas. Las razones del enfrentamiento era el celo de uno para que la crisis no fuera aprovechada para que particulares pescaran en mar revuelto en perjuicio del Estado y el desenfreno de la codicia del otro.

El escenario era propicio para que ante del desengaño que generó la espontaneidad, la palabra volviera adquirir vida aun no tuviera respaldada por el compromiso, y Mejía ayudó a este cambio con su imprudente decisión, que luego devino en irreflexiva, de buscar la reelección. Todo el mundo estaba convencido del desatino, incluido líderes de su propio partido. Milagros Ortiz Bosch, la vicepresidenta de la República, le aconsejó públicamente desistir de su propósito y el dirigente perredeísta Enmanuel Esquea Guerrero le advirtió que perdería la candidatura, declaración con la que quedó consumado como ave de mal agüero.

Del impulso a la voluptuosidad

Nada es más fuerte que una relación amorosa sobrecargada de emotividad en plena luna de miel, momento en que esa unión puede derribar toda barrera que se le interponga, sin importar cuán grande y difícil sea; pero igualmente no hay nada más frágil que ese apareamiento cuando llega la adversidad y sólo la fuerza de la razón puede hacerla sostenible.

Fue lo que pasó con los amoríos entre el pueblo dominicano y el presidente Hipólito Mejía. Cuando se presentó la situación exasperante, provocada por uno de los fraudes bancarios más grandes del mundo, guardando las proporciones de las economías, los chistes que resultaban tan agradables a los oídos de los dominicanos durante los días previos a la crisis, se tornaron ofensivos e irritantes, por lo que el pueblo se volcó de nuevo hacia la palabra. Eran circunstancias que llevaban al error hasta al estadista más prudente.

Eso ayudó al retorno al poder de Leonel Fernández, de cuya gestión 2004-2008 haré un recorrido siguiendo de lazarillo su propio discurso de toma de posesión del 16 de agosto de 2004, y lo mismo haré con su administración de 2008-2012, que fue continuación de aquélla.

Al asumir el cargo, Leonel Fernández afirmó que para solucionar la crisis heredada lo primero que se requería era recuperar la confianza. "Y para recuperarla, el próximo gobierno está compelido a tomar un conjunto de acciones, entre las cuales, la más importante, tal vez, sea la de decretar que a partir de este mismo instante iniciamos un período de austeridad. Esa austeridad significa poner todo el empeño para reducir en no menos de un 20 por ciento el gasto del Estado".

Pero su accionar tomó otra dirección. Cerca de un mes y medio después de instaurar su segundo mandato, fue aprobada el 28 de septiembre la Ley 288-04 de Reforma Fiscal dentro del acuerdo Stand By con el FMI, para establecer nuevos gravámenes que permitieran compensar la pérdida de ingresos tributarios vía aduanas que provocaría la entrada del DR-CAFTA.

Poco tiempo después fue promulgada la Ley 557-05, del 8 de diciembre de ese año, para compensar ingresos que dejaría de percibir el Estado por el des-

194

monte arancelario y la comisión cambiaria, estimados en RD$27,000 millones.

Pero a pesar de esa reforma y de la que se había aprobado en 2004, se produjo un déficit fiscal del 0.2 por ciento del PIB en el 2006, con el agravante de que el Acuerdo Stand By con el FMI cayó en suspenso transitoriamente por un desajuste que coincidió con las elecciones congresuales y municipales.

El gobierno volvió con una nueva reforma tributaria para ser aplicada en 2007, bautizada con el eufemismo de Ley 495-06 de Rectificación Tributaria, ante el rechazo de amplios sectores a que con tanta frecuencia se siguieran cambiando las reglas impositivas para tapar hoyos fiscales. Esta ley fue muy polémica porque gran parte de la sociedad entendía que no era necesaria.

Luis E. Núñez, un economista afín al gobierno peledeísta, escribió el 10 de febrero de 2007 que esa reforma tributaria "generó el rechazo casi absoluto de los sectores empresariales y de una gran parte de la comunidad nacional debido a que se entendió que la misma no era necesaria y más bien se constituía en un contrasentido en un momento en el que se está luchando por incrementar la competitividad de los sectores productivos para que puedan enfrentar con éxito los desafíos que nos presenta la apertura comercial".

Si a eso se agregaba que uno de los cuestionamientos más importantes que se hicieron a la gestión de Leonel Fernández 2004-2008 fue la de que no ofreció a los sectores productivos el acompañamiento que los convirtiera en ganadores, no perdedores, de la apertura comercial a que obligaba el DR-CAFTA, los continuos cambios impositivos tuvieron consecuencias nefastas para la competitividad del país.

Ante las críticas a que fue sometida la Rectificación Tributaria, el ministro de Hacienda, Vicente Bengoa, reveló el 14 de noviembre de 2006 que esa reforma, anunciada por el presidente Leonel Fernández el 14 de noviembre de ese año, fue preparada "a punta de revólver, por las presiones del FMI", cuando se sabe que ese organismo internacional establece metas en los balances fiscales, pero que corresponde a los gobiernos determinar cómo se logran, si con reducción de gastos o aumentos de impuestos, o con ambos a la vez.

El FMI no iba a permitir que le tiraran "ese muerto" encima e hizo llegar su protesta al gobierno. Tres días después, el 17 de noviembre, Bengoa emitió un desmentido a su propia declaración y dijo que la reforma había sido consensuada entre técnicos de los ministerios de Hacienda y de Economía, Planificación y Desarrollo.

Con esa reforma se buscaba recaudar 17,500 millones de pesos y terminó generando ingresos por más de 35,000 millones. Pero en vez de ahorrar el exceso de ingresos, el gobierno sometió un presupuesto complementario para gastarlos. El FMI estuvo en contra de ese proceder. Una misión de funcionarios de ese organismo que visitó el país entre el 16 y 24 de mayo de 2007 para la revisión del programa Stand By, en un documento exhortó a las autoridades "a tomar una posición cautelosa en la gestión del excedente tributario, dado su naturaleza transitoria, y limitar cualquier incremento en los gastos a rubros no incluidos en el presupuesto de 2007 y al mismo tiempo aspirar a ahorrar una parte de los ingresos adicionales".

Ese año el gobierno cerró con superávit fiscal de 0.2 por ciento del PIB.

Como estaba vigente un Acuerdo Stand By con el FMI, que se mantuvo desde enero de 2005 al 31 de enero de 2008, tras en febrero de 2007 el gobierno haber pedido su extensión, los balances fiscales cerraban cada año en niveles manejables, pues el gobierno recurría a las reformas tributarias para ir cubriendo los hoyos financieros que iba generando.

El temor estaba en lo que ocurriría tras el vencimiento del acuerdo, sobre todo porque el 2008 era un año electoral.

Ante la evidencia de que el gobierno gastaba más de lo que presupuestaba, diferentes sectores reclamaron que el Acuerdo Stand By con el FMI se extendiera para que cubriera el 2008. La actitud hacia ese organismo había cambiado. Tiempos atrás, cuando las finanzas públicas eran manejadas con relativa prudencia, sus recetas resultaban odiosas, pero en la medida en que se acentuaba la inclinación de los gobernantes al dispendio, el rigor que imponía ese organismo era tomado como una bendición, sobre todo cuando se acercaban períodos electorales.

Luis E. Núñez, a quien vuelvo a citar por tratarse de un economista cercano al gobierno peledeísta, afirmó en febrero de 2007 que lo deseable hubiera sido que la extensión de ese acuerdo abarcara hasta después de las elecciones presidenciales que se celebrarían en el 2008, pues "un acuerdo con el FMI en una situación como la presente constituye una garantía de que el manejo de las finanzas públicas será el apropiado, especialmente considerando la experiencia fresca de las interrupciones que han tenido lugar en el pasado reciente por razones políticas y las consecuencias que se han derivado de las mismas".

El FMI no permaneció ajeno a estas preocupaciones. Su representante en el país, Erik Offeerdal, dijo el 30 de julio de 2007 que ese organismo estaba dispuesto a firmar un nuevo convenio, pero que la decisión dependía del gobierno.

Pero el gobierno estaba en otra onda: en tener las manos libres para gastar a su antojo en la campaña electoral de mayo de 2008. Quienes lo dirigían estaban decididos, primero, a comprar la expresión "el Estado me venció" con la que Danilo Medina reconoció su avasallamiento en la disputa por la candidatura presidencial de su partido frente a Leonel Fernández y, segundo, a vencer, a cualquier precio, al candidato del opositor PRD, Miguel Vargas Maldonado.

No fue casual que el ministro Administrativo de la Presidencia, Luis Manuel Bonetti, se opusiera el 31 de julio de 2007 a la firma de otro acuerdo con el FMI. "El manejo económico de República Dominicana es un fiel ejemplo a seguir por América Latina y no necesitamos, entonces, por qué tener esa camisa de fuerza. Yo creo que debemos retomar la soberanía económica", dijo.

Para que no hubiera duda de cuál era la decisión del gobierno, el ministro de Hacienda, Vicente Bengoa, también afirmó el 1 de agosto de 2007 que no era necesaria la firma de un nuevo acuerdo con el FMI.

Al propio Presidente se le oyó luego decir que la economía dominicana estaba "blindada" contra los choques externos.

El gobierno cerró sus cuentas en 2008 con un déficit de 4 por ciento del PIB, con lo que el presidente Leonel Fernández demostraba que aunque había cuidado de su palabra en aquel discurso del 16 de agosto de 2004, desdeñó su cumplimiento. Había echado por la borda sus propias prédicas de austeridad. El gasto público de República Dominicana creció en 11.7 por ciento en 2004-2008, mientras el promedio de los países de América Latina aumentó solo en 8.3 por ciento en ese período.

¿Y qué pasó en su gestión de 2008 a 2012?

Con su reelección el presidente Leonel Fernández inició el período de mayor desorden en las finanzas públicas con un gobierno que gastaba más que lo que permitían sus mal administrados ingresos. En adición al señalado déficit de 4.0 por ciento del PIB en 2008, se produjeron déficits del 3.3 por ciento del PIB en 2009, del 2.9 por ciento en el 2010, del 2.7 por ciento en el 2011 y de un astronómico 6.8 por ciento en el 2012, el más grande de toda la historia dominicana.

Debo confesar que la magnitud de ese déficit de 2012 nos sorprendió a todos. Las primeras cifras que manejé en la sección Economía del diario Hoy lo colocaban en unos 50 mil millones de pesos, pero el desenfreno del gasto de los últimos tres meses de la gestión de Fernández lo dispararon a 158.540 millones de pesos al cierre del año. Las cifras que más se aproximaron a lo ocurrido fueron las que recibí del economista Luis Vargas, a las que en principio no di crédito porque las consideré exageradas.

Fue tal la francachela que dudé de que el gobierno de Leonel Fernández sólo buscara con ese dispendio asegurarse de que su candidato ganara las elecciones ante la amenaza del opositor Hipólito Mejía de meter preso a todos los corruptos. Bajo ese manto también se ocultaban otros propósitos. Esto explica que tras la Junta Central Electoral haber anunciado que el ganador de las elecciones había sido Danilo Medina, el gobierno siguiera la fiesta en el período de resaca de los últimos tres meses, como si acabara de empezar. Además, fue reveladora de otras intenciones la existencia de contratos para la construcción de obras que los nuevos administradores lograron renegociar a la mitad de los valores establecidos originalmente, con la ventaja adicional para el Estado de que a las obras a ser ejecutadas se les incluían nuevos componentes que aumentaban su valor, sin que esto implicara pérdidas para los contratistas.

No creer en la existencia de otras intenciones llevaría a pensar que había el propósito deliberado de crear una crisis fiscal que llevara a la ingobernabilidad durante la gestión del presidente Danilo Medina, y no creí al presidente Leonel Fernández ni a sus principales colaboradores capaces de actuar con actitud tan macabra y siniestra en perjuicio de su propio compañero de partido, a pesar de que esa parecía ser la percepción de muchos, incluidos reputados periodistas, como Juan Bolívar Díaz, quien escribió el 4 de agosto del 2012: "Es relevante que el doctor Fernández será el primer presidente dominicano que entrega el poder a un sucesor del mismo partido, pero hasta en sus últimos días se ha empeñado en gastar más de lo percibido, en su empeño por inaugurar obras aunque no estén concluidas, dejando un desorden financiero que dificultará el arranque del nuevo gobierno y lo obligarán a exponer su popularidad con una dramática reforma que ésta vez no podrá ser sólo tributaria, sino fiscal e integral".

Ni siquiera el gasto en los renglones causantes de mayores cuestionamientos se hizo esfuerzo para reducirlo. Leonel Fernández había afirmado en su discurso de toma de posesión el 16 de agosto de 2004 que había "muchos cargos públicos en exceso, creados mediante la tradicional práctica corrosiva de clientelismo o bien producto de las duplicidades de funciones dentro de nuestro aparato burocrático estatal" y aseguró que "esos cargos serán suprimidos", pues según confesó, él era de los que creían, "con absoluta firmeza y convicción, que las oportunidades de empleo tienen que ser iniciadas, fundamentalmente, en el sector privado, que es el gran creador de la riqueza nacional".

Agregaba: "En el gobierno que hoy se inicia, ninguna institución gubernamental u organismo independiente está autorizado a realizar compras o transacciones que vayan más allá de lo estrictamente indispensable. Nadie, absolutamente nadie, podrá utilizar los fondos públicos para la adquisición de nuevas jeepetas, o para efectuar llamadas telefónicas, nacionales o internacionales, sin límites de tiempo".

Asimismo, "los viáticos y las dietas tienen que ser disminuidos. Los gastos superfluos, eliminados.

Hay que suprimir aquellos cargos de subsecretarios de Estado no contemplados en la ley orgánica de la Secretaría de Estado correspondiente".

Pero en toda su gestión fue evidente el descontrol en el gasto. La nómina del sector público continuó aumentando. Mientras en el período 2000-2004 había crecido en 4.3 por ciento, en 2004-2008 lo hizo en 9.10 por ciento y en el 2008-2012 en 25.9 por ciento, sin incluir las nominillas.

Hubo en su gestión serias denuncias sobre el despilfarro con que algunos funcionarios manejaban sus tarjetas de crédito con cargo al Estado sin que pasara nada.

Funcionarios de hasta tercera categoría viajaban en primera clase y los propios viajes del Presidente al exterior fueron con mucha frecuencia motivo de escándalo por la cantidad de acompañantes y las calidades de la representación.

En relación con el uso de vehículos de lujo, el gobierno de Leonel Fernández fue lo más parecido a una "jeepetocracia". Era ofensiva la presencia de un excesivo número de jeepetas cuando el Presidente se desplazaba de vez en cuando a las comunidades pobres, acompañado de su séquito.

En cuanto a la intención del Presidente de suprimir los cargos de subsecretarios no contemplados en la ley orgánica de la Secretaría de Estado correspondiente, en los hechos su gestión no pudo ser más frustratoria. El periodista Juan Bolívar Díaz escribió el 4 de agosto 2012 que "el gobierno de Leonel Fernández acumuló la alarmante cantidad de 340 viceministros y subsecretarios, más de 300 generales militares y policiales y hasta diciembre pasado tenía una nómina de 1,163 personas designadas en cargos diplomáticos y consulares, muchas de las cuales no han sido acreditadas por los gobiernos donde fueron destinadas".

Eran tantos los subsecretarios que no había en los ministerios oficinas suficientes para que pudieran siquiera recibir en ellas sus cheques, por lo que había que enviárselos a sus casas.

Lo ocurrido en el cuerpo diplomático fue peor. El propio Juan Bolívar Díaz ofreció el 21 de enero de 2012 dos ejemplos elocuentes: "Mientras España tiene en la República Dominicana 15 representantes, nosotros tenemos allá 89. En la ONU República Dominicana tiene 63, mientras que Brasil, con una población 20 veces mayor, tiene 42".

Me había referido al déficit fiscal. ¿Pero qué pasó con el déficit generado por la deuda asumida por el Banco Central para el rescate bancario? El presidente Leonel Fernández afirmó que su discurso de toma de posesión el 16 de agosto de 2004 que para enfrentar el déficit cuasi fiscal del Banco Central, "el nuevo gobierno había obtenido el compromiso de destacados empresarios, nacionales e internacionales, quienes depositarán en el Banco Central o el Banco de Reservas los fondos de futuras inversiones, a una tasa de interés por encima de la que se ofrece en los mercados. Con esos fondos depositados durante un plazo razonable, aspiramos a desmontar el referido déficit cuasi fiscal, el cual representa en estos momentos un monto de 90 mil millones de pesos, y el pago de los intereses, 30 mil millones de pesos inorgánicos al año, todo lo cual constituye la causa generadora de la devaluación del peso dominicano y de los altos niveles de inflación que afectan a los consumidores".

Nunca estuve de acuerdo con que el Estado, ni en el gobierno de Hipólito Mejía ni en el de Leonel Fernández, escogiera el camino de la emisión de títulos de deuda interna para enfrentar la deuda generada por el rescate bancario. Compartí la posición de quienes favorecían que se tomara un préstamo externo, a baja tasa de interés y a largo plazo, para eliminar esa deuda.

Debió haberlo hecho Hipólito Mejía, pero como él no lo hizo, debió hacerlo el gobierno de Leonel Fernández, desde sus inicios, antes de que bajara la tasa de cambio. Para esto el gobierno electo no debió enviar la señal de que bajaría el precio del dólar, como lo hizo su equipo económico desde antes de la toma de posesión.

Sé de personas que se acercaron al presidente Leonel Fernández para hacerle esta sugerencia, entre ellas el economista Fernando Álvarez Bogaert, quien le advirtió que sería un error, en vez de aprovechar el nivel de la tasa de cambio para liquidar esa deuda con un préstamo de 1,000 o 1,500 millones de dólares, tomar el camino de la creación de un mercado de títulos de deuda interna porque se corría el riesgo de que se generara una deuda que constituiría una carga muy pesada para las futuras generaciones.

Sin embargo, desde el equipo económico designado por el presidente electo se enviaron señales contrarias a ese propósito. El designado superintendente de Bancos, Rafael Camilo, descartó tomar ese préstamo para cubrir ese déficit porque él entendía que la oportunidad se perdió cuando la tasa de cambio del dólar rondaba los 50 pesos por uno, porque para ese entonces pudo haberse cubierto el déficit con una emisión de 1,500 millones de dólares en bonos, mientras que al momento de sus declaraciones se requerían de 5,000 millones de dólares. Pero olvidaba que uno de los factores que produjo que la tasa de cambio bajara con la rapidez en que lo hizo fue la de que las nuevas autoridades enviaron la señal de que estaban apostando a esa baja.

Partiendo de que Leonel Fernández asumió continuar con la política de emitir certificados de deuda interna para enfrentar el déficit cuasifiscal, ¿cuál debió ser la política a seguir a partir de esa realidad?

En mi opinión, la planteada por el economista Víctor Canto en un artículo que publicó el 15 de agosto del 2006: "Para enfrentar esa encrucijada difícil, el objetivo de las autoridades debe ser elaborar un paquete económico para reducir el crecimiento de la deuda de manera que la misma crezca a una tasa menor que la economía. Ese paquete de medidas debe contener un programa que simultáneamente permita el crecimiento económico y genere suficientes recursos para financiar los planes de desarrollo y pagar el déficit cuasifiscal".

Eso estaba en consonancia con lo planteado por el presidente Leonel Fernández sobre la deuda en su discurso del 16 de agosto de 2004, quien tras recordar que cuando llegó al gobierno, por vez primera, en el 1996, la deuda externa de la República Dominicana era de 3 mil 810 millones de dólares y que cuatro años después, en el 2000, había disminuido a 3 mil 635 millones de dólares, se preguntó: "¿Quién, en su sano juicio, jamás habría pensado que en el período constitucional que en estos momentos llega a su fin, esa deuda sería llevada a 7 mil 200 millones de dólares, esto es, casi al doble de la que había cuatro años antes?".

Cuestionaba entonces el Presidente que "algunos de los ideólogos y voceros más conspicuos de esa política de endeudamiento externo solían repetir, en sus momentos de gloria, que visto que esa deuda representaba un bajo porcentaje de la producción nacional, la República Dominicana tenía una capacidad ilimitada para endeudarse" y afirmaba que "frente a argumentos tan sofisticados, el pueblo llano, el del hombre y de la mujer común y corriente, solía responder con la sabiduría del sentido común. Es posible que la capacidad para endeudarse no tenga límites. Lo que sí tiene un límite es la capacidad para pagar".

Pero su gobierno pisoteó su propia convicción. La deuda pública total, que incluye la externa y la interna, había subido de 4,142.2 millones de dólares en el 2000 a 7,379.6 millones de dólares en el 2004, impactada por la quiebra bancaria; pero en sus últimos dos gobiernos pasó de 7,379.6 millones de dólares en 2004 a 11,219.3 millones de dólares en 2008, para luego escalar a 19,463.4 millones de dólares en el 2012.

En cuanto a la capacidad de pago, calculando esa deuda como porcentaje de los ingresos tributarios, en el 2004 se elevó a 252.8 por ciento desde 138.7 por ciento en el 2000, pero Leonel Fernández la entregó, después de ocho años, en un nivel parecido, de 245 por ciento de los ingresos tributarios. Y lo que es peor, según escribió Andrés Dauhajre hijo el 27 de febrero de 2012, "Cuando Leonel recibe de Hipólito Mejía la Presidencia en el 2004, el pago de los intereses de la deuda absorbía el 10.9% de los ingresos tributarios del gobierno. En ese momento el nuevo Presidente se lamentaba. Hoy, el pago de los intereses de la deuda pública absorbe el 17.5%, casi el doble".

La carrera de endeudamiento no se detuvo ante las advertencias de muchos expertos. El economista Bernardo Vega escribió el 25 de noviembre del 2009 que en un informe el FMI planteaba que el nivel de endeudamiento "óptimo" del gobierno debería ser de entre 25% y 30% del PIB, mientras que con los financiamientos que recibiría el gobierno bajo el acuerdo firmado en 2009 con el FMI, más los bonos soberanos, subiría de un 35 por ciento en ese entonces, que ya era alta, a 39 por ciento a finales de 2009 y a 40% en los años 2010 y 2011. Además, se alarmaba de que "una tercera parte de los impuestos que pagamos se dedica a cubrir la amortización de la deuda externa y en el presupuesto del 2010 un 31 por ciento de su monto estará representado por nuevos endeudamientos internos y externos".

Ese descontrol en el endeudamiento fue posible porque después de la crisis de la subprime en Estados Unidos, el FMI abandonó el rigor de sus programas de estabilización para promover el dispendio en los países miembros, como forma de evitar la recesión económica en los grandes países que controlan ese organismo. Así, sus acuerdos, más que procurar disciplinar las economías de los países que buscaban su auxilio, las encarriló por el sendero del gasto excesivo. Esto permitió que la economía dominicana se mantuviera en una burbuja. Crecía, pero no en base al ahorro interno, sino alimentada por las deudas. Fue un período en el que el Banco Central tuvo que hacer el papel de apagafuegos y para no sacrificar el crecimiento aceptó que se abriera el grifo del endeudamiento aun a riesgo de que se hipotecara el futuro.

El resultado fue un cambio radical en cómo los organismos internacionales veían a la economía desde el exterior, sin la contaminación que produce la existencia de un Estado que se apoyaba en la falta de institucionalidad para ponerle precio a todo. Fuimos un país que en un pasado no tan remoto exhibía un bajo nivel de endeudamiento, pero eso había cambiado. Dos economistas del FMI colocaron el 15 de septiembre de 2011 el documento "Adebt Intolerance Framework Applie to Central America, Panamá and Dominican Republic", en el que, utilizando el "Institutional Investor Rating y la fórmula Reinhart-Rogoff para estimar el riesgo de incumplimiento, se advertía que República Dominicana era, entre 36 países analizados, la nación con mayor riesgo de incumplimiento de su deuda.

Pero poner al desnudo esa realidad era un pecado. Muchos funcionarios del gobierno afirmaban que el manejo de la economía dominicana era un modelo a imitar por el mundo. Eran incapaces de cometer equivocación alguna y no perdonaban la falta de sumisión de quienes opinaban diferente. Fue una época en que fui incomprendido por algunos amigos, a quienes el puesto los había endiosado y no me perdonaban el raro proceder de resistirme a quedar arrastrado a jugar el papel de "bocina" en un entorno en el que no sólo la autocensura crecía abundante y vigorosa, sino en el que también quedaban pocos vestigios de dignidad, pues cuando los adocenados veían dinero desaparecía toda palabra que expresara negación de su vocabulario. No podían resistir la fuerza de la codicia y perdían la soberanía sobre su profesión al olvidar que el dinero es un medio para alcanzar un fin, pero no el fin en sí mismo.

En sus desviaciones, algunos llegaron hasta defender decisiones como la del director del Departamento de Prevención de la Corrupción (DEPRECO), Otoniel Bonilla, de archivar el expediente por el caso de la Sun Land, una operación cuya oscuridad se hacía más densa en la medida en que salían a la luz las explicaciones de los involucrados en ella. Se trataba de la autorización dada por el gobierno al director de la Oficina de Ingenieros Supervisores de Obras del Estado, Félix Bautista, a emitir 19 pagarés por US$6.8 millones cada uno. Para muchos la operación violaba la Constitución porque era un endeudamiento externo que no había pasado por el Congreso. El escándalo adquirió tal magnitud que el FMI se interesó por el caso. Su representante local, Erik Offerdal, dijo el 13 de noviembre de 2007: "Es un tema que nos interesa a nosotros básicamente por los datos del endeudamiento del país y para averiguar la naturaleza de la transacción".

Pero en vez de apoyarse en la propuesta de Leonel Fernández en uno de sus discursos de campaña en el 1996 para que se insertara en el ordenamiento jurídico nacional la inversión del fardo de la prueba en los casos de corrupción, hubo caso de periodistas que apoyaron que el expediente fuera archivado para impedir que la operación quedara aclarada, lo cual también chocaba con el discurso de toma de posesión de Leonel Fernández el 16 de agosto de 2004, cuando, tras afirmar que la corrupción es moral y legalmente inaceptable, asumió este compromiso: "durante la administración que desde hoy me corresponderá dirigir, tomaremos todas las providencias de lugar para, tal como establece la Convención Interamericana contra la Corrupción, prevenir, detectar, perseguir y castigar todo acto doloso que atente contra el patrimonio público".

Esta actitud chocaba con la asumida luego por el presidente Fernández de mantener en la Comisión de Ética del Gobierno a Marino Vinicio Castillo, en momentos en que asumía en los tribunales y de manera pública la defensa del principal responsable de la quiebra bancaria del 2003, que tuvo un gran perjuicio para el Estado y un alto costo para la sociedad dominicana.

Es entendible que haya quienes estudien derecho para vivir de la Justicia, pero como desde la primera magistratura de la Nación se deben enviar señales claras, era un mensaje equívoco que un organismo de tanta importancia en la lucha contra la corrupción estuviera en esas circunstancias en manos cubiertas por el velo de esa causa. Peor aún fue que cuando todavía soplaban esos vientos, el presidente Fernández proclamó a Castillo como su líder.

Ante la inacción del DEPRECO, el Partido Revolucionario Dominicano y el Foro Social Alternativo elevaron, por el caso la Sun Land, una acción en inconstitucionalidad ante la Suprema Corte de Justicia, pero, con el voto disidente de los magistrados Ana Rosa Bergés Dreyfous, Eglys Margarita Esmurdoc y Julio Aníbal Suárez, el máximo tribunal la declaró inadmisible en 2008, empeñando el rol de la Justicia. Tiempos después, en abril de 2013, el doctor Jorge Subero Isa, quien dirigía el tribunal al momento de producirse la sentencia, afirmó que se trató de una decisión política que marcó negativamente la trayectoria de los jueces que habían sido designados en 1997.

"El caso Sun Land yo siempre he dicho que fue un crespón negro en la toga de los jueces de la Suprema Corte de Justicia de esa época. Yo sigo creyendo que no fue una buena sentencia. Fue una decisión política. Sun Land fue un caso eminentemente político al que se le dio una solución política", expresó Subero Isa.

Como el de la Sun Land se produjeron muchos otros hechos que debieron ser aclarados por la Justicia durante el período 2004-2008, pero como no se actuó como correspondía la imagen del país sufrió en el ámbito internacional un fuerte deterioro, como lo demostró el informe 2011 de la Corporación Latinobarómetro, organización sin fines de lucro con sede en Chile, en el que se estableció que entre todos los países de América Latina, el Estado dominicano era el menor transparente y más ineficiente. Ese informe, a su vez, fue avalado por el Reporte Competitividad Global 2011-2012 del Foro Económico Mundial, que otorgó una de las peores calificaciones al país.

Con igual desenfado vimos a periodistas actuar en el caso del contrato de la Barrick Gold, que era defendido por ellos a pesar de que había el precedente del contrato suscrito anteriormente con Placer Dome, cuya comparación provocaba una sensación de asco al observador independiente.

El contrato firmado con Placer Dome en 2002 establecía en favor del Estado el 25 por ciento de la participación en las utilidades netas (PUN) y el 25 por ciento de participación impositiva en los beneficios, aparte del 3.2 por ciento contemplado como regalía por retorno neto de fundición. También comprometía a Placer Dome a hacerse cargo del costo de recuperación ambiental, causado por la explotación previa de Rosario Dominicana.

Posteriormente, en enero del 2006, la empresa minera canadiense Barrick Gold pagó 10,400 millones de dólares por el 81% de las acciones de la Placer Dome, compra que incluía los intereses de Placer

Dome en las minas de cobre de Zaldívar, en el desierto de Atacama de Chile, la mina de oro y plata de La Coipa y Pueblo Viejo, la primera en Chile y la segunda en la República Dominicana.

Bajo la administración de Leonel Fernández ese contrato fue renegociado para que el 25% de participación del Estado en el PUN fuera llevada a cero mientras no se obtuviera una tasa interna de retorno de un 10% y hasta haber recuperado los US$2,585 millones invertidos para desarrollar el proyecto, y a partir de ahí un 28.75% y no se obligaba a la empresa a resarcir el pasivo ambiental. Conociendo el historial contable deficitario de las mineras, era casi seguro que ese cero del PUN se haría perpetuo. Fue lo que ocurrió con la Falconbridge, cuando el presidente Joaquín Balaguer le detuvo las exportaciones de ferroníquel en 1986 y obligó a una renegociación que terminó garantizándole al Estado un 50% de los beneficios netos de la producción minera.

Pero no solo periodistas al servicio del gobierno procedían de manera extraña al ejercicio profesional. También en este período aumentó el número de otros que desde el sector privado incurrían en iguales o peores prácticas, pero lo hacían bajo una máscara. Aunque eran implacables contra la corrupción en la administración pública, se hacían indiferentes cuando el propulsor y beneficiario estaba en el sector privado. Esto era particularmente frecuente en los temas regulatorios e impositivos, cuando se requería que todos los actores fueran medidos con la misma vara y había quienes pagaban para que se procediera de manera discriminatoria. Otros, amparados bajo el eufemismo del periodismo corporativo, incurrían en las mismas desviaciones, pero lo hacían de manera más sutil. Sacrificaban la objetividad por la conveniencia. Está bien que las corporaciones tengan sus relacionistas que defiendan sus intereses, eso es parte del juego democrático; lo que está mal es que lo hagan con un traje que no le corresponde. Muchos de ellos actuaban como periodistas, pero su condición de asalariados bien pagados les impedía ser fieles a los hechos en muchas de las informaciones que servían. Obviamente, hay muchos a los que no les sirve este traje, pues no ha sido diseñado para ellos.

De la voluptuosidad a la consagración y el rigor

La herencia que dejó Leonel Fernández en el 2012 no podía ser más desafiante para su sucesor: un déficit fiscal del 6.8 por ciento del PIB, una deuda externa que rozaba el nivel establecido como crítico por los expertos y un déficit en el sector eléctrico de 1,500 millones de dólares al año. Con el agravante de que la competitividad de la economía estaba en el suelo y la única posibilidad que tenía la República Dominicana de obtener un poco de divisas extraordinarias en el corto plazo, a través del oro de la Barrick Gold, él había hecho que se perdiera. De manera que aunque el ex presidente no se lo propusiera -lo importante no son las intenciones, sino los resultados- estaba asegurada la ingobernabilidad en el gobierno que le sucedería, el de su compañero de partido Danilo Medina.

Como el ex mandatario estaba seguro de que el opositor PRD se consumiría en sus propios antagonismos, no podía caberle la menor duda de que el pueblo, embriagado con el recuerdo de la burbuja económica en que él lo puso a vivir, abriendo sin control el grifo del endeudamiento externo, se postraría a sus pies para implorarle que volviera a sacrificarse por la patria, sin reparar en que el "milagro" no se repetiría, pues de su discurso no podría seguir brotando el paraíso. Él corría el riesgo de dejarse arrastrar por quienes sólo dan para lamer medias a cambio de favores y ser convencido de que cuatro años serían suficientes para que el pueblo se olvidara de su herencia y su liderazgo emergiera más vigoroso que nunca. No en vano había renunciado a su convicción de que el mejor sistema de elección presidencial era el de Estados Unidos, que establece la posibilidad al presidente de reelegirse para un segundo período, para incorporar en la Constitución la no reelección pura y simple.

Otros, en cambio, tenían la certeza de que de volver al poder, la aplicación de su receta sería fatal para él mismo y para el país.

Pero también hubo quienes apostaban a que ese retorno quedaría asegurado si la crisis financiera que había sido cocinada en su administración era aderezada con factores políticos que la complicaran, como pudo haber sido el desenlace de la sentencia del Tribunal Constitucional 168-13, de octubre del 2013, que negaba la nacionalidad a las personas nacidas en el país de padres sin documentos, si el presidente Danilo Medina no le hubiera buscado una salida sabia y humanitaria al problema con la ley que establece un régimen especial para personas nacidas en el territorio nacional, inscritas irregularmente en el Registro Civil y sobre naturalización, aprobada por el Congreso en mayo del 2014.

El propio Danilo Medina describió con realismo dramático el 21 de agosto del 2012 la situación financiera que encontró, apelando a un cuento de dos gallegos que hallaron un maletín y creyeron que contenía mucho dinero, pero que en realidad estaba lleno de facturas que había que pagar. Ponía así en evidencia que sería el 2013, con el nuevo presupuesto, cuando el gobierno iniciaría algunas obras públicas. "Haremos lo que sea posible realizar en estos meses de estudio y para prepararnos para el año que viene", expresó durante la celebración de un Consejo de Desarrollo en San Juan, su provincia natal, en medio de reclamos de la población para que construyera obras.

Con un legado de Leonel Fernández tan abrumador, que malograba su aura, sólo el fracaso de la administración de Danilo Medina allanaría el camino para su retorno al poder, y todas las posibilidades parecían apuntar en esa dirección.

Pero Danilo Medina, consciente del arduo trabajo que tenía por delante, sorprendió a muchos. Tomó el control, emprendió su propio rumbo y se fue dando a querer con su entrega y con un discurso que no competía con la desenvoltura de palabras de su antecesor, pero que lo superaba con el rigor. Mientras el discurso de uno se tornaba abrumador y extenuante en la medida en que los hechos lo iban desmintiendo (era ya verbo que no adormecía), el del otro lo hacía amigable con el pueblo. Así, el nuevo Presidente logró la aprobación de una reforma tributaria muy dura para todos los contribuyentes, pero que no tuvo un alto costo político para su liderazgo gracias a que, por fortuna, había sido él, no el candidato opositor Hipólito Mejía, el ganador de las elecciones, y había contado con el apoyo de su compañero de partido Leonel Fernández para el ascenso al poder, lo que aseguró que la gente creyera en lo que él dijo que encontró. "La realidad es dura. En este momento se requiere del esfuerzo y sacrificio de todos para que podamos reencauzar el crecimiento y el desarrollo sostenido del país, y a eso es a lo que apelamos", expresó el presidente Danilo Medina el 4 de octubre del 2012, y se sinceró con estas palabras: "Particularmente para mí es un trago amargo hablar de reforma fiscal", pero "si no hacemos esa reforma, sencillamente nos tendremos que cruzar de brazos y yo no vine al gobierno para eso", expresó el Presidente. Era un discurso en el que no había espacio para la pifia.

Con una calma oriental, tomaba el control de las finanzas públicas, demostraba que la misión de un gobierno es, más que arrojar el dinero de los contribuyentes por la borda, administrarlo, tomando la precaución de que hay cosas que un presidente no puede hacer porque le pertenecen al pueblo.

A la vez que lograba pasar la reforma tributaria, Danilo Medina estrenaba un estilo de trabajo que acercaba su gobierno a la gente con su consagrado proceder y con el anuncio de medidas trascendentales, como la renegociación del contrato con la Barrick Gold, que lo catapultaron a la cima de la popularidad.

Su presencia sorpresiva todos los fines de semana en apartadas comunidades del país para llevar soluciones a productores que nunca habían recibido la mano amiga del Estado, sin la exhibición de la opulencia y la ostentación a que lo habían acostumbrado otros gobernantes en improductivas y esporádicas visitas, hizo que el pueblo sintiera que tenía en él al Presidente que por mucho tiempo había deseado, recuperando un poco de la esperanza perdida, a pesar de las duras circunstancias en que le tocaba gobernar, en medio de las cuales no era mucho lo que podía dar, pero su entrega hacía que prendiera la percepción entre los ciudadanos de que como gobernante él valía más de lo que había podido demostrar.

Era, en el fondo, más que un cambio de estilo, un cambio de gobierno, que quedó trazado desde el mismo acto de toma de posesión, cuando en su discurso estremeció al país con su advertencia, hecha en presencia del ex presidente Leonel Fernández, de que el contrato que había firmado su antecesor con la Barrick Gold era inaceptable.

El gobierno del que recibía el timón de la nave del Estado había conseguido que el Congreso aprobara ese contrato de manera muy suspicaz, sin que, a pesar de su trascendencia, los legisladores se tomaran la molestia de leerlo, según la propia confesión de algunos de ellos.

El contraste era evidente:

Mientras Leonel Fernández visitaba a principios de febrero de 2012 las instalaciones de la Barrick Gold y vestía chaleco y casco con las insignias de esa empresa minera, declaró que ese contrato era un modelo a imitar por el mundo. "Obviamente, cuando nosotros comenzamos las negociaciones con la Barrick Gold, buscamos asistencia técnica del más alto nivel. Este tipo de consultoría permitió a la República Dominicana suscribir un contrato que ha sido visto internacionalmente como un modelo de éxito", expresó Leonel Fernández. Días después, el 4 de marzo de 2012 otro funcionario de su administración, Vicente Bengoa, remachaba esta posición, al señalar que Fernando Sánchez Albavera, ex ministro de Energía y Minas de Perú, había opinado que ese contrato constituía un modelo para países en desarrollo y que era único en América Latina. Según él, los técnicos César Polo y Jerónimo Carcelén, contratados por el Banco Interamericano de Desarrollo como asesores técnicos del gobierno, también lo habían elogiado.

En cambio, el presidente Danilo Medina no sólo afirmó que el contrato era inaceptable, sino que expresó que no encajaba dentro de los principios éticos y morales sobre los que se fundamentaba su administración y conminó a la empresa extranjera a sentarse en la mesa del diálogo, con la advertencia, hecha con la solemnidad que le daba el momento en que pronunciaba su discurso de rendición de cuentas del 27 de febrero de 2013, de que si no lo hacía procedería a gravar con nuevos impuestos las ganancias imprevistas, generadas por el alza de los precios del oro. Leonel Fernández calificó de "memorable" el discurso del Presidente. "Como presidente del Partido de la Liberación Dominicana debo señalar que la familia peledeísta se siente orgullosa de la rendición de cuentas hecha por el presidente Medina, sobre todo por la forma digna en que ha sabido defender el interés nacional en el caso del contrato de la Barrick Gold", expresó. Hablaba el pragmatismo político, no el alma del ex presidente.

La advertencia del Presidente no hizo reaccionar a la minera, que hasta último momento estuvo negada a renegociar el contrato.

Fui testigo de esta negativa, pues días antes de que se produjera su cambio de actitud, participé en un encuentro de periodistas con el presidente de la Barrick Gold en el país, Manuel Rocha, y el gerente de Comunicaciones, Jorge Esteva, quienes ante mi insistencia de que la empresa debía abrir una ventana a la negociación, afirmaron categóricamente que esa posibilidad estaba totalmente cerrada.

Pero bastó que el gobierno paralizara por algunas horas algunos embarques para que la minera entrara en razón.

Un primer embarque de doré (mezcla de oro y plata) fue retenido el 13 de marzo del 2013, un segundo el día 22 de ese mismo mes y un tercero el 1 de mayo. Hubo hallazgos preocupantes para una empresa que cotiza en bolsa. En todos los casos las autoridades de Aduanas "descubrieron" irregularidades, como la declaración del origen de los embarques, que en lugar de República Dominicana lo establecía en Estados Unidos, lo cual es penado por la ley con hasta el doble del valor de la mercancía. El director de Aduanas, Fernando Fernández, dijo el 18 de marzo del 2013 que la Barrick Gold tendría que pagar al Estado la suma de RD$952 millones para poder sacar del país un embarque de oro y plata, por multas a causa de las irregularidades detectadas.

Finalmente, en momentos en que Aduanas mantenía retenido un cargamento de doré valorado en 22 millones de dólares, ejecutivos de la Barrick Gold viajaron al país desde Canadá, flexibilizaron su posición y accedieron a renegociar el contrato.

No había pasado el "tiempo prudente" prometido por el Presidente para buscarle una solución a este contrato cuando se produjo el anuncio el 7 de mayo del 2013 de un acuerdo que aseguraba al país recibir el 51.3 por ciento de los beneficios que generara la mina, en vez de la migaja del 3 por ciento que se establecía en el contrato original. Mientras que con esa modificación el país recibiría entre 2013 y 2016 unos 2.200 millones de dólares, el contrato original sólo contemplaba ingresos para el Estado de 377,8 millones de dólares en ese período. Fueron negociaciones difíciles porque las presiones eran enormes, pero el desenlace fue feliz e hizo que se creciera la estatura de estadista del presidente Danilo Medina. Leonel Fernández apoyó públicamente el acuerdo sin que se disculpara ante la población o, en su defecto, se cubriera con el silencio.

Era un proceder a que no estaba acostumbrando el ex presidente, pues después de que el gobierno y el FMI develaron la cuantía del déficit fiscal que sorprendió a todos, equivalente al 6.8 por ciento del PIB, mayor que el hoyo financiero creado por la quiebra bancaria del 2003, pronunció un discurso el 13 de noviembre del 2012 para, con serena teatralidad y su silbido característico, dar la peregrina explicación de que "un déficit fiscal se refiere al hecho de que en el transcurso de la ejecución del presupuesto de un año, el total de gastos excede los ingresos y que eso ocurre en todos los países".

Con este proceder la imagen del ex presidente se desplomaba y la del Presidente se elevaba.

Pronto se vieron los resultados. Las elecciones celebradas el 12 de enero del 2014 para escoger a 138 miembros del Comité Central favorecieron de manera abrumadora a los seguidores del Presidente. En ese momento Leonel Fernández se enteró de que ya su poder no era indiscutible. Los votantes elegían a quienes iban al Comité Central entre los seguidores de Danilo Medina y Leonel Fernández les tomaba el juramento.

El ex presidente comenzó a presentir que las cosas no le estaban saliendo como las había ideado,

228

lo que le sumió en el desconcierto. Su fuerte era el discurso. Nunca se le había visto errar y empezaba a cometer pifias. El más agudo observador sabía que entre él y Danilo Medina había una hostilidad, de manera subterránea, tan encarnizada como la que se da entre enemigos, pero ellos habían dominado el arte de disimularlas. Sin embargo, tras la elección de los miembros que completarían la matrícula del Comité Central, Leonel Fernández puso en evidencia que iba perdiendo esa pericia.

Una primera pifia la cometió con un artículo que publicó el 9 de marzo del 2014, a pocos días de haberse celebrado las elecciones del Comité Central, titulado "El poder y el liderazgo: entre puestos y sobrecitos". El mensaje era que la gente cambia de líder según éste ocupe o no un cargo en el gobierno y tenga o pierda la capacidad de dar prebendas, lo cual fue interpretado como una alusión hiriente a Danilo Medina. En vez de obtener la neutralidad del Presidente, compraba su hostilidad.

Cometió otra pifia en una conferencia ofrecida el 8 de mayo sobre Liderazgo y Poder, en una actividad organizada por la movimiento político Juventud de Leonel (Judel), en la cual, con aires de superioridad, afirmó: "La sucesión es un paso de antorcha, usted pasa la antorcha, el pase de antorcha requiere varias cosas, primero la paciencia del que la pueda recibir, porque no puede entrar en un forcejeo con el que la tiene y por eso digo que la antorcha se pasa, la antorcha no se arrebata porque el que intenta arrebatar la antorcha se quema con ella". Era evidente que se trataba de un desafío inoportuno e innecesario del ex presidente al Presidente. Hablaba como si el país siguiera estando en sus manos y desdeñaba que ante un jefe de Estado la competencia por el poder no se maneja de esta manera, huérfana de una dosis adecuada de tacto.

En cuanto al tema de la gratitud, todo depende del cristal desde el que se mire. No hay duda de que Danilo Medina le debe gratitud a Leonel Fernández por su apoyo para llegar al poder, independientemente de que haya pesado más en ese respaldo, si la conveniencia o la generosidad, pero igual se la debe Leonel Fernández a Danilo Medina, quien teniendo informaciones y poder para ceder ante las presiones de los sectores que estuvieron reclamado que se involucrara en la persecución de funcionarios de la gestión del ex presidente, no cedió, pagando un costo político por esto, en aras de mantener la gobernabilidad en medio de la situación tan compleja y difícil que el ex presidente le dejó de legado. Además, Leonel Fernández tocaba una tecla que no debió tocar, pues nunca de las prácticas clientelares se abusó tanto como en su gestión.

No obstante, la tarea de Danilo Medina y de quienes le sucederán es inmensa: reconstruir una economía que tiene sus cimientos en lo artificial para apoyarla en sus sectores reales. El éxito dependerá de que se actúe con firmeza, pero con sumo cuidado, para evitar, mientras se ejecuta el trabajo, el desplome del edificio mismo.

Al cierre

Varias reflexiones me han asaltado sobre el ejercicio profesional. Me he inclinado siempre a pensar que esta profesión no puede ser desempeñada apropiadamente por quienes no están sustentados en valores formados desde la familia.

No basta con lo que se aprenda en las aulas. De ahí que aunque entre los egresados de la cátedra he conocido a buenos periodistas, los ha habido también en quienes son inequívocas las demostraciones de ausencia de las normas elementales que traza la ética profesional a su vida.

Pero eso no es suficiente. Pienso que se requiere, además, de un compromiso social. La democracia es una confluencia de intereses, pero siempre esos intereses deben estar supeditados a un interés general, que es el que asegura la convivencia civilizada.

En unas improvisadas palabras en un acto que organicé en Santo Domingo el 8 de diciembre del 2001 con motivo del cuarto aniversario del Encuentro Económico del Periódico Hoy, Pepín Corripio dio la mejor explicación, de manera gráfica, sobre estos intereses y cuándo podrían desbordar los límites de su legitimidad. Dijo: "El papel del Estado debe establecer claramente el ancho de la calle y sus linderos, de forma tal que todos sepamos por qué vía podemos y debemos correr, que nadie tenga que avanzar subiéndose encima de los contenes en desventaja de los que andan por el medio de la calle". Agregó: "Vigilando eso, estimulando y regulando el afán de lucro, nosotros podemos desarrollarnos mucho, sin que el afán de lucro se convierta en un enemigo del desarrollo colectivo y del bien común". Para mí, el principal papel del periodismo es, precisamente, convertirse en guardián de que esta tarea se cumpla y cuando no, denunciarlo.

En las citadas palabras de Pepín Corripio está implícitamente contenida otra condición que tiene que darse para que el periodista pueda cumplir su rol. No bastan sus valores y su compromiso social, se hace necesario igualmente que la labor sea ejercida en un medio donde se respete el ejercicio profesional, lo cual sólo es posible cuando los propietarios, directores y administradores no ven en el dinero el principal objetivo del medio, sino en el cumplimiento de su rol social.

Como siempre he estado consciente de eso, al principio de mi carrera no albergué la certidumbre de que me dedicaría con exclusividad a una empresa para entregarme casi a perpetuidad a un único oficio, alrededor del cual giran tantos intereses y en el que, por demás, tenía que aprenderlo todo. Pero el destino me dio la oportunidad de trabajar para un medio cuyo principal propietario es Pepín Corripio, quien por contar con la doble condición de poseer múltiples fuentes alternativas generadoras de riqueza y tener la visión que revelan las palabras suyas que acabo de citar, no ha hecho de sus medios su granero, contrario a otros que, por el dinero, han puesto a rodar por lo bajo a verdaderos instrumentos de la sociedad. Igual suerte he tenido con directores y administradores, pero al referirme a estos últimos, debo confesar que me ha llamado mucho la atención que descansando en ellos la mayor responsabilidad de asegurar la sostenibilidad financiera de la corporación, en el caso de la empresa para la que he trabajado durante treinta años, ese objetivo no ha sacrificado nunca el de hacer buen periodismo. Al contrario, aunque haya a quienes pueda parecer extraño, la señal que siempre he recibido de los administradores del diario es la de que el cumplimiento del rol social debe estar siempre por encima de todo lo demás.

Por eso expresé hace trece años, en el señalado acto, unas palabras que el tiempo ha validado y que reproduzco a continuación:

"A pesar de que probablemente muchas de las opiniones e informaciones publicadas en la sección Economía de Hoy no han sido compatibles con sus múltiples intereses, diseminados en una apreciable cantidad de empresas, Pepín Corripio jamás me ha llamado para expresar su desagrado, menos un reproche, por algo que hayamos dado a la luz.

Nuestro trabajo profesional ha sido respetado hasta tal punto que nos ha permitido trabajar en un ambiente de plena libertad e independencia.

Las contadas veces que he recibido una llamada suya ha sido para sugerirme que mantenga la sección abierta a todos los actores, sobre todo a aquellas voces que no han tenido la suficiente fuerza para hacerse sentir en la sociedad o que momentáneamente han estado amenazadas de ser avasalladas por algún sector poderoso.

En las raras ocasiones en que me he tomado la libertad de pedirle su opinión sobre algún tema controvertido, siempre ha hecho énfasis en la conveniencia de que ninguno de los participantes del mercado reciba una atención privilegiada, por considerar que el éxito debe ser el resultado del ingenio y del trabajo de cada actor.

Esta actitud, consistente, me ha convencido de que no estaba en lo cierto cuando en algún momento pensé que el mejor periodismo se hacía en medios donde no se escuchara ni se tomara en cuenta otra opinión que no fuera la de los periodistas".

Al contrario, con los años he descubierto que aunque hay periodistas que son un apoyo moral para el cumplimiento de este trabajo con apego a los principios éticos, los intereses de otros pueden conducir al extravío.

¿Por qué? Bienvenido Álvarez Vega, director del periódico Hoy, arrojó luz sobre este particular en un artículo publicado en ese diario el 8 de diciembre de 2003: "La prensa no sólo responde a los intereses de sus propietarios, sino también a los de los periodistas que dirigen y laboran en los periódicos, en las revistas, en la radio y en la televisión. Este es un tema poco tratado y discutido en los foros que abordan las cuestiones relativas a la comunicación social, pero están ahí presentes y en muchos casos visibles. Sobre todo porque, contrario a como ocurría 15 o 20 años atrás, cada vez son más los periodistas que por vocación o por necesidad financiera comparten su ejercicio profesional con actividades que ahora se llaman empresariales. Por ejemplo, hay periodistas que laboran en medios y también son dueños de oficinas de relaciones públicas, o tienen programas de radio y de televisión, o son propietarios de guaguas o carros que laboran en el transporte público, o tienen una compañía de publicidad, etcétera. Estas iniciativas generan intereses y expectativas".

Y entre intereses y expectativas, algunos se van de bruces. Por eso dije en el acto al que me referí que "si dependiera de algunos periodistas, en los medios de comunicación no habría otro espacio que no fuera para dar cabida a los reportes complacientes hacia las fuentes que les ha tocado cubrir o de las instituciones públicas o privadas a las que han brindado sus servicios".

De ahí que siempre he favorecido la rotación de los periodistas entre las diferentes fuentes, para evitar que la permanencia por mucho tiempo en una de ellas se establezca una relación primaria con afectos y atenciones tan fuertes que provoque dobleces en el ejercicio profesional, al quedar el periodista atrapado en esos atascos.

Una de las cosas que más me ha indignado en el ejercicio profesional es ver cómo algunos periodistas, contrario a otros que cumplen su tarea con el mayor rigor, no se toman el trabajo de leer y reelaborar las notas despachadas para su publicación desde sus fuentes, para limpiarlas de todo contenido que se aparte del interés noticioso o lo desvirtúe. Peor aún, he conocido a periodistas que reducen su labor solo a calzar con su firma las notas servidas.

En cambio, siempre he dado un carácter sagrado a la lealtad que debe guardar todo periodista a quienes les sirven de fuente informativa en lo que respecta a la confidencialidad, sobre todo cuando una indiscreción puede acarrear algún perjuicio a quien ofrece la información. He conocido casos bochornosos de periodistas que se han aprovechado de la profesión para convertirse en informantes a sueldo, faltando a la lealtad que deben guardar a sus fuentes. Creo que una de las condiciones que me han hecho merecedor del respeto de mis fuentes informativas es la de que bajo ninguna circunstancia y ante nadie he faltado a la discreción y la lealtad.

He visto, sin embargo, cometer excesos que me han causado indignación, pues he conocido a periodistas que, además de limitar su rol a firmar las notas servidas por sus fuentes, a las que no aportan ningún valor, cuando se producen cambios de funcionarios, se lanzan presurosos a elaborar una historia de dos o tres párrafos para ensalzar a los nuevos ejecutivos, en las que no se aporta nada de valor informativo, pues se reducen a meras expresiones de adulación con el único propósito de congraciarse con ellos.

Otros, en cambio, nunca han caído en estas flaquezas. Han soportado todo tipo de presiones, hasta que le arrebaten derechos, e incluso han perdido amistades por mantenerse apegados a los principios éticos, sacando a la luz lo que algunos quisieran mantener en la oscuridad.

En mi caso, lo más duro ha sido la pérdida del amigo a quien el escalamiento al poder lleva a no aceptar otra razón que no sea la complacencia, como si el periodismo pudiera zigzaguear al compás de los cambios de su estatus y al vaivén de sus intereses. Son casos en los que, tengo que admitirlo, el periodista confunde la cortesía con la amistad al ignorar que ésta es una de las profesiones en las que la amistad está sometida a las mayores pruebas. Se trata de una situación que deja un sabor amargo cuando el tiempo ha llenado al periodista de recuerdos y sentimientos con fuertes raíces en su alma. No obstante, cuando ocurren estos casos es aconsejable que el periodista se coloque en la posición del amigo, pues no es fácil aceptar que en el ejercicio profesional uno afecte los intereses de sus relacionados más íntimos por no llevar la carga de conciencia de faltar al deber de informar y orientar. Pero en lo que a mi respecta, esta situación se dulcifica, hasta borrar todo rastro de sufrimiento y depresión, cuando pienso en mis otros amigos, en aquellos que, en muestra de lealtad duartiana, han aceptado estas consecuencias en aras de que se mantenga la amistad, lo que habla mucho de su calidad humana. En ellos he encontrado mi mayor estímulo a continuar una trayectoria que muchas veces resulta tan in- comprendida y que en ocasiones pueden conducir- nos a caminos pedregosos en los que la soledad ase- cha como una serpiente sigilosa.

www.ingramcontent.com/pod-product-compliance
Lightning Source LLC
Chambersburg PA
CBHW060243290526
45789CB00001B/172